JN438392

망초꽃 하연

박노언 유고 시전집

고 박노언 시인 · 목사 근영

박노언 시인과 부인 정영숙 목사

박노언 시인이 개척한 두레누리교회

박노언 시인의 지난 날

삼촌 박용래 시인의 시비를 찾아

친아들처럼 돌보아주는 이용화 원장

대학원 졸업시 목사 안수패 받음

총회 신학대학원 졸업예배

하늘문교회에서 시낭송 초청

목사 임직 예배

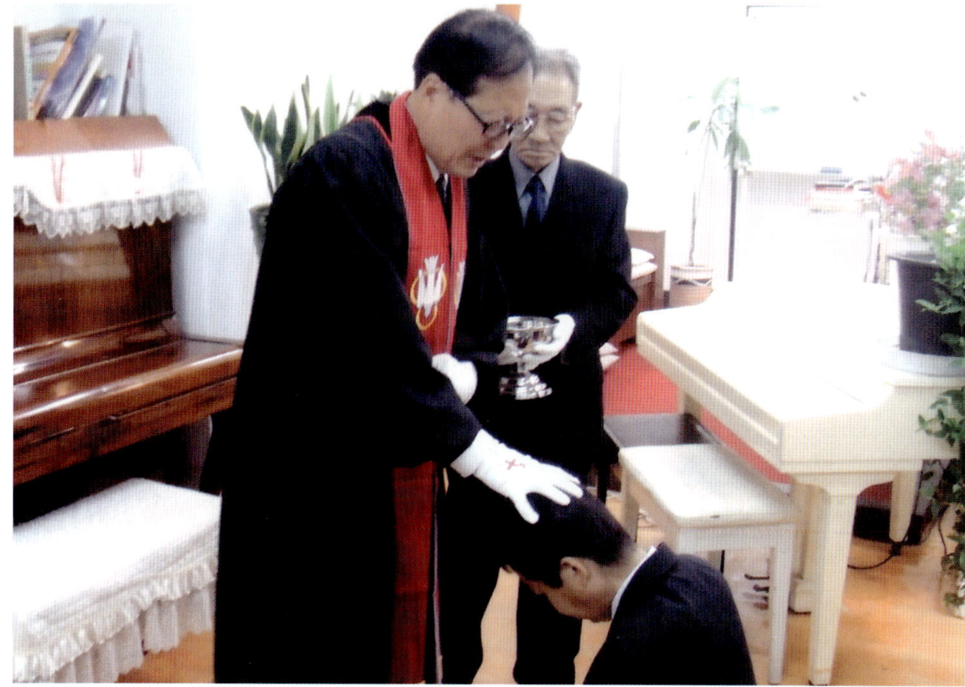

교회에서 세례를 주며

김동명 목사님과 함께

어머니와 이모 모시고

두레누리교회 설립예배

교회에서 예배를 드리고

어머니 고희 생신잔치를 열어 드리고

박노언 시인 회갑연 및 출판기념회

아내에게 꽃과 시집을 봉정하고

시집 출판기념회 참석하신 내빈

추수감사절 기독문학제 · 시낭송

소천하신 박노언 목사님 영정

故 박노언 시인 유고 시전집

망초꽃 향연

| 유고집을 발행하며 |

그토록 염원하던 시집을 영전에 바치며

아내 정영숙

여보!

온 산이 신록으로 물들고 뜰 앞에 온갖 꽃들이 자태를 뽐내고 있건만, 온 들판에 흐드러지게 피었던 망초꽃도 져버리고 당신이 곁에 없습니다. 이 쓸쓸한 마음을 달랠 길이 없네요. 모든 풀들과 꽃들을 그토록 사랑했던 당신이었기에 말입니다.

'꽃이 피면 같이 웃고 꽃이 지면 같이 울던 알뜰한 그 맹세에 봄날은 간다.'라는 노래가 불현듯 떠오르는 계절입니다. 그런데 이 노랫말이 이처럼 절실하게 내게 다가올 줄은 예전에는 미처 몰랐지요.

당신이 그토록 염원했던 시집 재판 발행과 남겨 놓은 원고를 정리하여 유고집을 발행하는 것이 맹세처럼 했던 약속이었지요. 당신 회갑 때 발행한 첫 시집을 작년 말에 재판 발행했으니 하나의 약속은 지켰습니다. 그리고 당신이 그토록 날마다 고통의 신음 중에도 "내 시집 출판" "내 시집 출판"이라고 하신 유언을 지키고자 이제 유고전집을 발행합니다.

여보!

당신이 남겨 놓은 원고를 보면서 당신의 모습과 생각들이 가슴에 파고들었습니다. 당신의 가슴을 이제야 완전히 알 수가 있었습니다. 눈물 없이는 읽을 수가 없었어요. 생전에 마음을 다 읽지 못한 우매한 아내를 용서해주세요. 미안해요! 미안해요!

그것은 겉으로 표현하지 않았다가 터지는 울분이었을 수도 있고, 부드러움 속에 감춰졌다가 한꺼번에 응축된 감정의 발로이자 외침이었습니다. 당신이 어렵게 말을 꺼냈던, 불우했던 과거의 어린 시절 때문에 성장하면서 속으로만 삭혀야 했던 가슴의 응어리였을 수도 있을 거라고 생각합니다.

여보!

어쩌면 당신의 삶은 세상 사람들이 보기에 극히 초라할는지도 모릅니다. 울고 살았던 초년과 유년시절, 가정과 직장도, 그리고 만년의 예배당도 말입니다. 그러나 당신은 위대한 시인이셨고 진정한 목사님이셨습니다.

맑고 깨끗한 세상, 억울한 울음을 우는 사람이 없는 세상을 그토록 갈망하셨지요. 성경 말씀대로 하는 교회를 세우자고 하셨지요. 그 뜻을 받아 우리는 두레누리를 개척하여 고통과 괴로움 속에서 울부짖는 많은 사람들의 눈물을 닦아주고 하나님께로 인도했지요. 영혼을 살리는 설교를 하실 때에는 비장한 마음으로 임하셨고, 온유와 겸손이 넘치는 당신의 모습은 우리의 죄악을 담당하시려고 십자가 위에서 돌아가셨던 예수님의 일생과 닮았다는 생각을 해봅니다.

두레교회는 작다고 작은 교회가 아니었고, 주님이 살아계셔서 함께하시는 사랑과 능력이 넘치는 초대교회 같은 행복한 교회였지요.

쉼 없이 성경과 책을 읽으시고 끊임없이 시를 쓰신 당신!

이제 당신의 사랑과 정서, 그리고 울분과 외침이 활자화되어 유고집으로 바깥세상에 나오게 되었습니다. 그리고 출판기념회를 통해 당신과 희로애락을 함께했던 친지 여러분을 모시고 당신의 얼을 기리기 위해 추모의 한마당도 펼치렵니다. 그러면 당신은 이렇게 말씀하실 겁니다.

"나의 사진 앞에서 울지 마요.
나는 그 곳에 없어요.
나는 잠들어 있지 않아요.
제발 날 위해 울지 말아요.

나는 천 개의 바람,
천 개의 바람이 되었죠.
저 넓은 하늘 위를
자유롭게 날고 있죠."

바로 '천 개의 바람이 되어'라는 노랫말처럼 말입니다. 그러면서 "너무 슬퍼하지 마. 얼마나 보기 좋은 모습인데…."라고요.

떠날 차비를 하시던 2014년에는 날마다 기타를 치며 부르시던 474장, "이 세상에 근심된 일이 많고 참 쉬는 날 없었구나. 내주 예수 날 사랑하시오니 곧 평안히 쉬리로다." 이 가사가 아직도 가슴에 남아 있습니다.

주님께서 당신의 찬양을 들으시고 "몹시도 피곤한 아들아! 내게로 와서 쉬어라." 하시며 갑자기 천국으로 데리고 가신 것 같아요. 그래요. 당신은 천 개의 바람이 되어 우리 곁을 맴돌고 있고, 따스한 햇살이 되어 온 누리를 비춰줄 거라고 믿기 때문입니다.

여보!

내 마음 속에 당신이 있듯이, 당신 시 속에 내가 있었음을 확인하면서, 얼마나 감동의 눈물을 흘렸는지 몰라요. 당신의 시가 민들레 씨앗처럼 세상에 퍼지고, 많은 사람들에게 읽혀져, 당신의 염원대로 세상의 때가 벗겨지고 억울한 울음을 우는 사람이 없는 세상이 되기를 간절히 기도합니다.

당신은 나의 영원한 사랑이자 기쁨이었음을 다시 한 번 고백합니다. 이제부터는 당신 시집이 내 곁에 있는 한 당신이 떠났다는 생각은 않을 거에요.

그리고 당신을 사랑합니다! 사랑합니다!

2016년 6월

당신의 영원한 반려자 정영숙 올림

박노언 詩人을 追慕하면서

조성봉(소망교회 담임목사)

어떤 경우는 세월(歲月)따라 잊혀져 가는 사람이 있고 그와는 반대(反對)로 점점 보고 싶고 사무치도록 그리워지는 이가 있다.

우리 소망교회에서는 해마다 5월이 되면 教會 自體的으로 "봄날의 饗宴"이란 제목으로 音樂회를 진행해 오고 있다.

나는 詩人이신 박노언 목사님과 정영숙 목사님 내외(內外)분과는 가깝게 지내는 사이인지라, 우리 소망교회 음악회(音樂會)에 招請하여 2부 순서 전에 1부 예배(禮拜)의 설교를 부탁(付託)드리곤 한다. 겸손(謙遜)하신 박목사님은 극구 辭讓하시지만, 모처럼의 잔치를 잔치답게 하고자 하는 간곡(懇曲)한 부탁(付託)에 설교를 하시곤 한다.

그 언젠가 나는 박목사님의 짧은 설교에서 큰 충격을 금할 수 없었다.

"초 간결 설교"

내 설교는 사랑방 식(式) 설교인고로 좀 긴 편이다.

그러나 박목사님의 설교는 그 자체(自體)가 한 편의 시(詩)였다.

내 설교는 해설적(解說的) 설교이지만, 박목사님의 설교는 깊은 샘과 같은… 의미가 있는, 깊은 울림을 주는 설교였다.

짧은 설교 속에 모든 것을 함의(含意)하고 있는 아침의 이슬같은 결정체(結晶體)였다.
그 이후로 나는 설교시간을 짧게 줄여보려고 노력(努力)을 한다.

시인 박노언 목사님은 세월(歲月)따라 잊혀져 가는 것이 아니라 더욱 더 서럽게 그리워진다.
박노언 목사님의 유고(遺稿) 시집(詩集)이 이제 세상 밖으로 나오니, 한편으로 위로(慰勞)가 된다. 그러나 사무치도록 그립다.

詩는 曲線이다

심영보(목사, 영문학 박사, 전 대전대 교수)

시는 曲線이다. 認識의 문지방 밑에서 거주하는 回想과 聯想을 자극한다. 認識의 벼랑 끝에서 喜怒哀樂을 느끼며 經驗하는 感情移入이다. 아무개는 直線만을 고집하여 살아왔지만, 시인은 이렇게 생의 곡선을 그렸다. 전자의 직선은 후자의 곡선으로 그렇게 告白하며 生을 살았다. 박노언 시인은 한 몸통으로 "愛憎의 歲月"을 직선과 곡선을 그려왔다.

시는 曲線이다. 샛길이나 옆길에서 갑자기 다가온다. 가슴을 설레게 한다. 슬며시 기어와 未知의 存在와 感覺을 선사한다. 박노언 시인의 샛길과 옆길은 그의 생의 旅程에서 "海草처럼" 잘 드러내 준다.

시는 曲線이다. 정신적 영적 가치는 直線으로 볼 수 없다. 왜냐하면, 시는 현현(Epiphany, 顯顯)을 좋아하기 때문이다. 단순한 글줄을 외면한다. 어느 곳에 있든지 마음의 窓을 열게 하며 五感을 자극한다. 周邊을 살피게 하며 深層을 노크한다. 몸과 마음, 靈魂을 걸러낸다. "한 방울의 똥이 이렇게 감사한 것을…" 癌 病床에서 告白하는 박시인의 영적인 시가 바로 곡선이다.

소박함과 겸손함, 靈性의 美德을 소리 없이 沈黙 속에서 곡선으로 그려 오신 遺作이 세상에 선을 보이게 되었다. 시인이요 목사였던 박노언 시인의 遺作 出版을 진심으로 축하드린다.

망초꽃 같으신 형을 기리며…

정해준(전 동아일보사 기획위원)

朴兄!

그렇게 허무하게 눈을 감으실 줄은 예전에 미처 몰랐습니다. 제가 대전에서 서울로 올라온 뒤로 자주 못 찾아뵌 것도 뒤늦게 후회막급이고요.

형과는 신문사 재직 시에 만난 것도 인연이지만, 제가 부천 형님 댁에서 기식하고 있을 때 형님도 마찬가지 입장인데다 그 집이 바로 앞집이었다는 것이 더 각별해진 인연이었지요. 한참 젊은 시절에 퇴근 후 술잔을 기울이면서 인생을 논하고 시를 읊조리면서 어울리던 그 시절이 꿈처럼 떠오릅니다.

그런데 더 친숙해진 건 그 다음이었습니다. 형이 먼저 대전 근무하던 중 저도 뒤늦게 대전에서 다시 합류하게 된 것이지요.

지금 생각하면 자주 만나 책을 벗하고 대화하면서 노래하던 그 시절이 바로 우리에게는 시의 세계였으며, 낯선 곳에서 저에게 힘을 보태준 형은 저에게 큰 바위 얼굴이었습니다.

그 노래와 시를 좋아하며 저를 반겨주시던 형수님은 우리 삶의 활력소였고요.

朴兄!

10년 전 형의 회갑연 및 시집『망초꽃 연가』출판기념회 때가 생각납니다.

기념회를 더욱 풍성하게 해준 형수님의 노래는 아직도 귀에 쟁쟁히 남아 있지요.

그래서 귀가 후 시집을 읽고 나서 제 블로그에 시 두 편을 소개하면서 올렸던 소회를 찾아봤습니다.

"우선 시집 제목이 '망초꽃 연가'라서 '망초꽃'을 골라 보았고, 블로그의 내 별명이 '벽오동'이라서 '…다가와 흔들리는 오동나무가지…'라는 '빈 마당'의 싯귀가 눈에 들어 왔습니다. 碧梧桐은 나무가 늙어도 껍질의 푸른 빛이 그대로 있는 것이 특색이라서 별명으로 삼았던 것이고, 내깐에는 '…아무도 보이질 않는 오십세 나이…'도 함축성이 있는 것 같았고요.

朴兄! 쓸모없다고 생각하는 오십세 나이도 지났고 그동안 많이 에돌아온 길이지만, 이제 새로운 지평을 열었으니 더욱 젊고 푸르게 살아가야 하지 않겠습니까?

기회 되는 대로 형의 답변을 기다립니다."

물론 블로그를 제대로 접하지 않았던 형의 답변은 듣지 못했지만, 안 들어도 형이 바로 망초꽃 자체라는 생각을 했었지요.

朴兄!

돌이켜 생각해보면 朴龍來 시인의 조카로서 학창시절부터 시인을 꿈꾸며 지냈던 형은 생각보다 어려운 환경과 적당히 타협하기 싫은 현실 속에서 많은 스트레스를 견뎌내기 힘들었던 모양입니다. 그래서 형의 유고특집의 시에서 보여준 병상일기를 보며 애닯은 마음 그지없었으며, 형수에 대한 애틋한 사랑도 절실하게 전달되어 왔습니다.

그래도 주님의 소명에 응답하여 목사 직분으로 삶을 마감했던 것은 우리 모두에게 귀감이 되었으며, 어쩌면 형은 제가 즐겨 불렀던 노래 '시인의 마을'을 들으며 하늘나라에 가셨을지도 모를 일입니다.

"나는 고독의 친구 방황의 친구 상념 끊기지 않는 번민의 시인이라도 좋겠소.
나는 일몰의 고갯길을 넘어가는 고행의 방랑자처럼 하늘의 비낀 노을 바라보며
시인의 마을에 밤이 오는 소릴 들을테요."

朴兄!

부디 주님의 은총으로 영원한 평화의 안식을 얻으시기를 두 손 모아 기도합니다.

그리고 하늘나라에서 다시 만납시다.

그대 그립습니다

최호일 (대한예수교장로회 밀알교회 목사)

인생을 살면서 이렇게 그리운 사람이 나에게 있었던가. 참 보고 싶다.

고 박노언목사님을 생각할 때 늘 그립다. 그 분과의 대화는 나에겐 큰 위로와 힘이 되었다. 얼굴에 배어 있는 알 수 없는 편안함과 시로 온 영혼을 노래했던 아픈 연민의 목소리가 늘 마음을 청소해 주셨던 분이셨다. 항상 서로를 위하면서 또한 시원한 영적 해석과 시적 감성과 신앙적 영성이 저에겐 좋은 인생의 선배이자 신학의 동요이자 친 형님 같고 늘 저를 끔직히도 챙겨주셨던 분이기에 더욱 많은 아쉬움이 저의 마음에 남아 있다.

고 박 노언 목사님의 시를 읽노라면 가슴으로 영혼으로 느껴지는 한 소절 한 소절은 저에겐 충격적이었다. 어쩜 시가 이렇게 영혼을 짜서 그 짧은 글로 그 엄청난 아픔과 사랑과 신앙을 표현할 수 있을까. 정말 그 신선한 감동에 시에 대한 눈이 떠지기 시작하게 한 영혼의 스승같은 분이다. 비록 우리의 곁에 없지만 그 분의 시는 영원히 남아있어 얼마나 다행이고 또 시를 접할수 있도록 유고전집시집을 발간하시니 얼마나 기쁜지 모른다.

며칠전 망초대가 올라오는 것을 공원을 걷다가 보았다. 망연히 박 목사님이 생각이 나서 나로 모르게 시가 목울음이 되어서 적어 보았다. 박노언 목사님은 지금 우리 곁에 살아 계셔서 은은한 미소로 바라보고 계시다.

그대 그립습니다
멀리 있는데도 참 영화롭다.

떠나시던날
그렇게 마음 아팠는데
시는 왜 이토록 우리 가슴을 파고드는걸까

그대 그립습니다
이런 내 마음 알았을까
그대 방에 꼭 꼭 숨겨둔
빛바랜 시가

수줍은 그대 꽃바람 되어
이제 용기 내어 마음껏
훨훨 홀씨되어 날아보려나

그리운 당신의 숨결
여기 있으니 참으로 그립습니다
그대의 시는
곧 우리의 노래
우리의 사랑
우리의 영혼.

망초꽃 같으신 형을 기리며…

오정두(주의뜰 교회 목사)

사랑하는 나의 벗,
사랑하는 나의 동역자,
행복 바이러스를 전파하던 하나님의 종
박노언 목사님이 우리의 곁을 떠났습니다.

박노언 목사님의 천국입성 소식은 이해할 수 없는
하나님의 섭리가 되어 우리에게는 슬픔으로 남아 있습니다.
당연히 천국입성이 우리에게 기쁨이 되어야 하지만
여전히 슬픔으로 우리에게 남아 있는 이유는
지상에서 헤어짐이 너무나 이른 까닭이며
목사님의 선한 모습을 더 이상 만날 수 없기 때문입니다.

사람에게 멋있는 삶보다 주님에게 정직한 삶을,
화려한 목회보다 하나님이 부르신 곳을 찾아가는 목회를,
존경받는 목회보다 섬기는 목회를,
높은 자를 찾아가는 목회보다 낮고 힘든 이를 찾아가는 목회를 했습니다.
늘 말씀대로 살았고 늘 말씀대로 생각하고 늘 말씀대로 결정했습니다.

사람들이 보기에 화려한 목회는 아니지만
예수그리스도를 닮은 삶을 살아내신 삶이 그리고 죽음이
너무나 존귀하고 아름다운 것은 자기는 죽고 그리스도로 산 삶이었기 때문입니다.
누가 이 삶을 복되다하며 누가 이 삶을 행복하다하며 누가 이 삶을 귀하다 합니까?
오직 한 분 우리 구주 예수 그리스도이십니다.

안녕히 가세요.
우리도 곧 갑니다.
그리고 만납시다.
우리의 고향, 천국에서 영원히 만납시다.
미안합니다.
고맙습니다.
사랑합니다.
그리고 보고 싶습니다.
사랑하는 나의 벗,
사랑하는 나의 동역자,
행복 바이러스를 전파하던 하나님의 종
박노언 목사님!

추모 글 ∽

밝고 넉넉한 웃음꽃

서민기 (목사, 시인, 한국기독교작가협회 회장)

박노언 시인님!

박 목사님 ! 그분의 이름을 부르면 언제나 그러했듯이
밝고 넉넉한 웃음꽃을 피우시면서 다가오실 것만 같습니다.

그분은 평생을 하나님을 위하여 사셨고, 부인 정영숙 목사님과 함께
교도소 안에 있는 외로운 이웃들의 어버이로 사셨습니다.

박 목사님은 2014년 12월 22일 평생토록 그리워했던 천국으로 가셨습니다.

그분은 목회일선에서 늘 바쁜 와중에도 열정적인 시인이셨습니다.

그분이 마지막 가시면서 투병 중에도 한 땀 한 땀 자수를 놓듯이,
사력을 다하여 완성하였을 귀하고 아름다운 시편들이 여기에 모아서
유고시집으로 출간하게 된 것을 하나님께 감사드리고 진심으로 축하드립니다.

박 목사님은 세상에 전하고 싶었던 수많은 이야기들을 함축하고 함축하여
문장은 아주 간결하지만 세상에는 큰 울림으로, 하나님께는 맑고 간절한 기도로, 힘들고 지친 이웃들에게는 봄 날 오후 따뜻한 햇살 같은 사랑을 전하고 있습니다.

박 목사님은 하늘나라 가셨지만 그 분의 사랑은 영원히 여기 남아있습니다.

독자 여러분은 그분이 세상에 무엇을 전하고 싶어 했는지 이 책에서
만나보실 수 있습니다.

서시(序詩)

박노언

무슨 말인가,
건넬 듯, 남길 듯한
네 눈망울

왈칵, 목울음 메어
산자락 도는
저녁 구름

먼 이별처럼
아득히
잊혀진 사람

파르라니
들풀 스치며
앞서 가는 저 바람.

* 시작(詩作) 노트(NOTE)

시(詩), 영원한 수수께끼 앞에, 절망하고 환희하며 휘청거리지만, 탱글탱글한 한 줄의 노래를 위해, 하얗게 밀려오는 아픔도 껴안자.

생명은 늘 부대끼지만 아름답고 애잔하다. 긴 그림자 어릿거리는 가을 코스모스, 언제 보아도 허전하고 아릿하다.

모든 것에 감사하며, 살아있으므로 너와 내가 있다. 떠날 채비 서둘러야 하는 인생은 연민 투성이, 창밖은 어수선히 수런거릴 뿐….

■■■ 차 례

1부 시 집성集成

하나_ 주님과 함께

■■■ 차 례

■■■ 차 례

두울_ 자연의 서정

세엣_ 내 마음의 울림

네엣_ 사랑하는 가족

다섯_ 꿈꾸는 세상

여섯_ 마지막 병상일기

일곱_ 신앙 간증문

2부 『망초꽃 연가』 자료

1부

시 집성(集成)

하나_ 주님과 함께

가슴 설레는 갈릴리

갈릴리
이름만 들어도
가슴 설렌다

갈릴리
아름다워서
아니고

갈릴리
사랑스러워서
아니고

주, 예수
거니시던
핏방울
배어 있는
땅

언제 들어도
가슴
설레는

마음속
그, 갈릴리

걸어 오시는
주님.

* 2014. 7. 20. 두레누리교회 주보

가을빛으로

이국 땅
기웃거리듯
삶

언제나
낯설고

쓸쓸한 가을
햇살 속

놓쳐 버린 시간
주워담듯

어수선한
낙엽들

짧은
은총의 시간

서둘러
가슴 부딪는
가을빛 사랑

* 2011. 대전문학 겨울호

가을에는 1

호숫가
물비늘이
눈부시고

파란
하늘가

보이지 않던 것
볼 수 있는
영안 열리듯

잔잔한
주님 음성
환하게
들리다

* 2012. 11. 4. 두레누리교회 주보

가을의 기도

이제 우리 생명이
당신의 말씀으로
봇물이 터지고

이제 우리 영혼이
당신의 말씀으로
활화산이 되어
용암으로 흘러내리고

천지가 개벽되듯
어둠이 빛이 되는
영안靈眼이
뜨이게 하소서.

가을 일기

가을을
사랑하리

떨어지는
모든 것들을

긍휼로
받쳐주는

당신의
자비와
은총의 손길로

우리는
꽃씨처럼
남겨진다.

* 2006. 10. 3.
* 기독문에 기고작품

갈급하듯

갈급하듯
은혜의 강가
달려가는
주일이다

고향
둥구나무처럼
내 신앙

좀처럼
자라지 않는
뿌리

오늘은 잎새 사이
햇살도 눈부시다

영혼이
쉼을 얻고
하늘가 구름 한가롭듯

주여, 나
긍휼이
여기소서.

* 2012. 9. 2. 두레누리교회 주보

개척 교회

몇 개 긴 의자
텅 빈 교회당

주일이 쓸쓸한
개척교회 예배시간

강대상에서
소리치는 전도사님

왜 저리
왜소해 보일까

낮은 잣대로
가늠하는

내 믿음이
눈 감아도 부끄럽다.

* 2000. 12. 16.

계절은

누가
곰곰이
뒷정리 하듯

풀벌레 소리
잦아들고

먼먼
기적처럼
아련한
주님 향기

하찮은
생명

삶은 미궁으로
빠져들 듯

가을,
하늘과 땅
맞딱드리듯
몸살 앓는다.

* 2012. 8. 26. 두레누리교회 주보

고백

부르면
늘, 거기
서 계시는

사랑의
아버지

어린애같이
금세
은혜
잊으며

밤길을
철없이 혼자
걷다 지치는

넌
어린 순례자.

* 2006. 첫 시집 [망초꽃 연가]
* 2014. 2. 16. 두레누리교회 주보

구절초꽃에

허둥지둥
뿌옇게 성에낀
유리창 닦듯
이제사,

찌든
마음을 닦는다

보지 못했던 것
볼 수 있듯

하찮고
소중한 생명
연민으로 뒤척이게 하시는
주님

기웃둥거리듯
당신 은혜
업혀온 세월

멧길에
하얗게 구절초
꽃피다.

* 2012. 10. 14. 두레누리교회 주보

구절초꽃은

아기가 커가듯
왜
신앙 자라지
않을까

무거운 짐
여전히
혼자 지고 가듯

광야의
삶,
고달픈 채

가을녘
구절초
바람에 마냥
흔들리다

주님이시여,
이 손
꼭 옥
잡아 주소서
잡아 주소서.

* 2013. 10. 20. 두레누리교회 주보

귀항지歸航地

당신은
묵중한
버팀목

당신은
무미건조한
삶의
소망

그 마지막
귀항지

오늘은
낯설은
시야

그리움으로
나폴대는
연약한
들풀들의 합창.

* 2000. 6. 10.

그 날 언제랴

나 언제
그 분을 만날 수 있을까
성전 뜨락만 밟으며
오늘도
시늉조차 내지 못한
그 분 향한 아쉬운 사랑
갈수록 허한 믿음의 발걸음

언제쯤 그 분
뵈올 수 있을까
초라한 육신의
옷섶을 풀어 헤치고
캄캄한 밤바다
맨발로 건너서
당신께로
당신께로 다가가 보지만

늘 한 뼘 모자라는
간격의 거리
나 언제쯤
그 분 만날 수 있으랴.
이 세상
옷 벗는 그 날이 언제랴.

* 2001. 12. 30.

그 날

하늘 무너지듯
휘장 찢겨진 채
캄캄했다
그 날 그 일

조롱하며
깔깔거리던 무리들

저주의 땅마저
두려워
요동치다

하늘 호숫가
종이학 접어 날리듯

홀연히 떠나신
주님

빈 무덤가
부활의 첫 열매,
그리스도여!
환희로 눈부시듯
물보라 치다.

* 2013. 3. 31. 두레누리교회 주보

그날 그일

연약한
목숨
당신의 도구로
사용하소서.

촛불처럼
마지막까지
흘러내려
어둠을 밝히듯

그렇듯
우리를 사랑하신
주여!

엘리, 엘리
외마디 비명
그날 그일
가슴 무너집니다.

* 2011.3.27. 두레누리교회 주보

그 날은

엉겅퀴
상심하듯
바람 스치우고

삶이
덧없던 날

칙칙한 어둠 속
알 수 없듯
산호초 같은
기도의 꽃이 피고

어디서
은혜의 종소리
들리었다.

가장 약하고
비참할 때

나를
일으키신 주님.

* 2007. 5. 27. 두레누리교회 주보

그렇게 주님은

그렇게
나, 찾아오신
주님

어둠 속 폭풍
일렁이어도
절망의 바다
굳굳이 항해할 수 있네

내일 이룰 수 있는
꿈 주시고

오늘
기쁨으로
주님
마중하네

당신 만날
그, 소망

꿈꾸듯 다소곳
달맞이꽃
피울 수 있네.

* 2013. 8. 25. 두레누리교회 주보

그리스도시여

오늘도 홀로
서성이시는 그리스도시여!

탐심으로 어두워지는
저녁마을
훨훨 불타오르고

부나비처럼 하루살이들
머리 부딪고
쓰러지는 저녁 모서리

흙먼지 날리는
갈릴리 바닷가
생 살점 떼어내는
그리스도시여

보이는 것만 잡으려는
어리석은 사람들
오늘도, 그리스도시여
당신은 어디로 가십니까?

* 2004. 4. 27.

그리운 이름

인생
해초처럼 어느 곳 밀려와
망망한 돌섬에 걸리듯
지친 영혼
찢긴 채 허우적이다

평화요, 안식
영원한 마음의
고향

그리운 이름
예수 그리스도

오늘도
먼 하늘 향해
남몰래 그이름 불러 봅니다

예수 그리스도
내 마음속 영원한
사랑

그리운 이름
목메이다
목이 메이다.

* 2014. 9. 21. 두레누리교회 주보

그립듯

그립듯
낙엽 쓸려가는
소슬한 시간

머언 발치에서
슬퍼하시는
주님

예루살렘
바라보시며
가슴 쓸어 내리시던
당신

땅거미 지는
저녁
나를 바라보시고
주님 홀로
가슴 쓸어
내리시다.

* 2012. 12. 2. 두레누리교회 주보

그 마음으로

그 마음처럼
살고 싶다.
꽃처럼
향기나듯

별처럼
눈 부시듯
하늘만큼
넓고 싶다.

나뭇가지
바람에
삶은
마냥 부대껴도

주님
사랑의 손길
유월 먼 바다
은빛 파도치듯.

* 2013. 6. 30. 두레누리교회 주보

그 사랑

시려운 가슴
장미꽃 꽂아주시며
여린 등
토닥여 주는
당신 사랑으로
살지요

소나기 지나가는
저 슬픈 들녘
무지개 뜨듯
그 소망으로
살지요

물 위로
걸어 오시듯
젖은 채
달려오시는

주님
그 사랑으로
내가 살지요.

* 2013. 10. 6. 두레누리교회 주보

그 여름

붉은 딸기밭
여울 건너 자운영 논둑
비포장 먼지 이는
자갈길

상여집
휘청거리던 망초꽃
종일 졸던
쑥부쟁이 시들고

깜부기 까맣게 타던
허기진 여름날
언덕 위 예배당
그 곁에 피던
백일홍 채송화
껑충한 해바라기 발돋움하며

믿음의 씨앗이 자라던
어린 시절
하나님 큰 얼굴
웃으시는 모습
잠결에도 보여 주셨다.

그 여인처럼

옥합을 깨뜨린
그, 여인처럼

소중한 것
주님께 드리고 싶다.

나
영원히 갚을 수 없듯
목숨 빚진 자

당신 눈물 닦아 주실
평화의 주님

은은히
수선화 피듯

우리
기쁨 되사

주여.
제자
발 씻기듯
우리를
씻기소서.

* 2013. 5. 26. 두레누리교회 주보

긍휼하신 주님

불평의 바다
머뭇거리는
삶

오늘도 저만치
소망의 닻
올려라
소리치시는 주님

믿음의 뿌리 여전히
연약하듯
잎새로 흔들리는 신앙

허망한
바다 한가운데
손짓하시듯

이, 아침
피안에서 부르시는
사랑의 주님

당신의 평안
눈부신
햇살.

* 2012. 6. 17. 두레누리교회 주보

기다림

눈 속에 서서
당신을 기다립니다
안개
뿌옇게 끼인 채
어슴푸레한 새벽

말씀
메아리치듯

귀 막고
눈 가리웠던
허물 벗는 영혼

이제사
내게 생명의 말씀
들리듯

하얀 새벽
누가
슬피 흐느끼듯
울고 있다.

*2013. 1. 20. 두레누리교회 주보

기쁜 날갯짓

잠시
생각을 접고
말씀의 가지에
앉은 새

은혜의 깃털을 펴고
기쁨으로
아뢰는
아침 기도

날마다
넘치고 출렁이는
새로운 하늘
땅

잠시
일상을 접고
사랑의 가지에
앉으면

순간
기쁜 날갯짓.

* 2000. 12. 24.

기도 1

주여, 당신 말씀으로
내 영혼이 더는
부패하지 않게 하소서.

모든 것 정지한
새벽 3시

솔로몬을 통하여 보여주신
헛되고 헛된 것에
더는
잡히지 않게 하소서.

주님 지혜로
내 영혼의 갈피
차가운 얼음조각으로 채워
깨우치는 날

무모한
세상 욕망
내려놓게 하소서.

* 2001. 8. 17.

기도 2

파란
하늘 우체통

편지를 보냈다. 그리고

타박타박
돌아서면

노오란 감꽃
지천으로
떨어져 있는
울 안

무성하듯
하늘 가리워진
나뭇잎 사이

언뜻 언뜻
주님 보이듯

오늘도
그리움으로 잠들다.

* 2013. 6. 9. 두레누리교회 주보

기도 3

밤새
열병 앓고
혀가 말려
비로소 눈이
뜨이는 세상

가슴 치며
동동 발 구르다
꿈을 깨듯

막혔던 귀가 열리고
맺혔던 혀도 풀린다

환하게
구름이 걷히듯

에바다
두려운
하늘 메아리

* 2006. 첫 시집 [망초꽃 연가]
* 2014. 10. 19. 두레누리교회 주보

길, 이은숙 권사

누가 지상에
처음 길을 내었나.

하늘에도
길이 있고

마음에도
길이 있다.

보이지 않는 길을
말없이 가는

당신은
막막한 순례자

하늘의 능선은
지워지고

아득한 길목마다
눈이 내린다.

* 2005. 1. 9.

까치

여직
난, 길 아닌
길만
왔네

길 같은 길
가려고
이제사

신발끈
힘껏 묶는
아침

잠긴 빗장
풀리듯

까치소리도
눈물겹다.

* 2006. 첫 시집 [망초꽃 연가]

깨우소서

당신의 말씀으로
깨우소서.
당신을 바라며
눈 비비는 이 아침
더 이상 우매함으로
소금기둥이 되지 않게 하소서.

오늘도
두 번, 세 번
당신을 부인하며
막다른 골목에 숨어
엉엉 우는 베드로
그 베드로의 회개를 보게 하소서.

육신과 이생의 자랑으로
주홍빛 같은 죄로
눈 멀고 귀 먹지 않을
살아 있는
당신의 말씀만으로 깨우소서.

* 1992. 5. 9.

꽃보라

한밤
소리 없이
이슬 내려

풀잎
적시듯

주님
은혜로
다시, 일어설 수 있는
아침

삶의 둘레
버겁지만

꽃보라
치듯

생의 한순간
얼마나 소중한가.

* 2011. 9. 18. 두레누리교회 주보
* 2011년 문학사랑 겨울호

꽃잔디 피듯

그대
영혼
황홀하듯

꽃잔디
피고

여린
갓난 아기 손
꼬옥 쥐어주듯
오롯한
사랑

주님 마음
꽃잔디처럼
온 세상

뒤덮였으면
뒤덮였으면

* 2013. 4. 28. 두레누리교회 주보

꿈

내가 나일 때
무너져 내리는 고독

내가 나일 때
슬프고 한스런 회한

부질없는 공간을
잠시 앉았다 일어서는
아찔한 현기증

무슨 언어로
어떤 구실로

이른 아침 까마귀소리에
깨는 꿈.

* 1983. 7. 24.

꿈속에

어젯밤
꿈 속
당신 만났습니다

갈릴리 호숫가
걸어오시던
주님 만났습니다.

미소 떤
얼굴
다가오시어
친구여
가까이 오라

평강의
강물 넘치듯
기쁨의
주님 만났습니다

어젯밤
꿈 속에
주님 만났습니다.

* 2014. 6. 22. 두레누리교회 주보

꿈인 듯

떠날 때를 짐작하며
가을산에 오른다.

슬픈
뒷모습을 보이지 않으리.
때로는
즐거웠으리라.
그리하여
행복한 순간만을 생각하며
길을 떠나리라.
쉴 곳 마땅치 않거들랑
초승달 뜨는 솔바람 계곡
잠시 등짐을 풀리라.

이승의 한 나절을
꿈인 듯 잊으리라.

끝자락에

싸락눈
희끗이 내리다

세월의 끝자락
어리석듯
보이지 않던 것들
어느 날 보이기 시작했다

주님 은혜
소복이 흰눈처럼
감사가 쌓이고

깨달을수록
부끄러운
삶

소중한 한 해
그, 끝자락

주님께 소중히
접어드리다.

* 2013. 12. 8. 두레누리교회 주보

나, 이제라도

당신
손 발
옆구리

그 사랑의
증거

내게도
고백이 되게 하소서.

한 겹
무지의
껍질을 벗고

이제라도
심지 깊은

믿음의
사람이 되고 싶습니다.

나팔꽃처럼

이 아침
주님께로
귀 열리게
하소서

이 아침
당신께로
눈 뜨게 하소서

맑은 이슬 머금듯
청아한 비비새처럼

가슴 활짝 열고
주님, 찬양하게
하소서
진실로
이, 아침도.

* 2014. 6. 1. 두레누리교회 주보

날개

당신처럼
믿음의 날개
달았으면

땅에
집착했던

시간에
얽매였던

내 영혼
하늘
날았으니

아직 날지
못하는
내 알량한
신앙

당신처럼
저 광활한
우주를 향한
사랑,
눈 뜨게 하소서.

* 2014. 8. 3. 두레누리교회 주보

날개를 달고

움켜쥐는 기쁨보다
풀어 헤쳐 나누는
행복한 사람이 되자.

미운 손가락질
한 사람 한 사람
정죄하기보다

암탉 알 품듯
허물 용납하는
사랑하는 사람이 되자.

헛것을 찾아
땅 끝 헤매며 지친
사랑이 되지 말자

믿음의 날개로
하늘을 날자.

날마다 1

바람은
저녁 모퉁이
무심히 돌아오고

재촉하듯
발걸음만 더딥니다.
주님.

당신의 샘가로
바싹 다가서지
못한 채

갈증만 더한
여름나무처럼

날마다 험한 삶은
공회전합니다.

시들한 잎새
허술한
밑동 흔들리듯

날마다
내 신앙
발목이 시립니다.

* 2007. 1. 28. 두레누리교회 주보

날마다 2

날마다
가슴 뛰는
주님, 사랑의 열꽃으로

눈 부시고
따뜻한 주님
계절 오게 하소서

겨울 나무처럼
쓸쓸하듯
소외된 이웃들

흐린 새벽 강
감사로 흐르듯

영원한 소망
일깨워

썩어질 물질
목숨 걸기보다

주님, 만나는
기쁨 주소서.

* 2013. 2. 24. 두레누리교회 주보

남가새풀

꽁꽁 얼어붙은
겨울 강
어서 건너오라고
애타듯
손짓 하지만

노을 안고 스러지는
엉킨 눈발만
서럽다.

시든 남가새풀
저문 바람소리
머뭇거리고

당신은
나에게
날개를 주셨지만

날지 못하는
슬픈 새여!

* 2004. 12. 19.

내 삶을 소망으로

상처난 삶
소망 담아주시는
주님

오늘은
잊혀진 고향하늘
그리워지듯
당신 그립습니다.

허한 옆구리
당신 은혜로
막아주시듯
베고니아꽃처럼
늘
사랑으로 위로해 주시는
주님.

* 2011. 7. 3. 두레누리교회 주보

너

너,
철없이
울지 마라

눈 비 녹아
강물로 변하듯

부끄럽듯 또,
마지막 달력
세월의
강물 띄워 보내듯

소복히 눈 쌓인
산길 혼자
내려오다

하얀 눈 위
선명한 발자국

걸어온 길
뒤돌아보면
주님 늘 함께 하셨다.

* 2013. 12. 15. 두레누리교회 주보

너는

나는
나무가 될 터이니

너는
그늘이 되거라.

나는
꽃이 될 터이니

너는
향기가 되거라.

나는
구름이 될 터이니

너는
하늘이거라.

나는
시간이 될 터이니

너는
영원하거라.

* 2000. 12. 23.

너 어디 있느냐

너, 어디 있느냐
주님 물으시면

궁색하듯
눈물 고이다

햇살
눈부시게
들녘에 쏟아지고

여전히
뻘밭에 빠진 채

곶감 빼먹듯
시간은
생명을 재촉하고 바람
나뭇잎 스치는
아침

너 어디 있느냐
주님, 애터지듯
부르시다.

* 2012. 7. 29. 두레누리교회 주보

너 위해

엘리, 엘리
어둠 속 바다
난파선처럼
침몰하는
너

예루살렘
향해
눈물 흘리시던
주님

십자가
저, 처절한
신음

너 향한
엘리, 엘리
외미디 신음
들리는가

들리는가.

* 2014. 5. 25. 두레누리교회 주보

넘치나이다

작은 소산으로도
충만한 감사

넘치나이다
당신의 축복

수많은 소유도
불만으로 가득한
어둔 영혼

불의한 자에게도
햇빛과
비를 뿌려
소생케하는
사랑의 주님

오늘도
내 남루한
영혼의 곡간이
이렇게 넘치나이다.

* 2001. 8. 20.

노을 속에

당신
자비로운
손

들녘을
사랑으로
쓸어 내리시고

철새도
먼 길
하나 둘
떠날 차비다

헙헙하여
울먹이듯

저녁 산모퉁이
서둘러 돌아오시는
주님

고즈넉이
생명수 고이다.

* 2012. 8. 19. 두레누리교회 주보

노을에

어린아이 같이
장난감
즐기다

어느덧 저녁이
오듯

헛헛한 마음으로
당신께 갑니다

모래성
무너지듯

말씀,
자맥질하는
너울지는
시간

몇 번이고 넘어지고
또, 일어서려는듯
가려진 몸부림
주님, 긍휼히 여기소서.

* 2013. 1. 27. 두레누리교회 주보

노을이 지듯

뒤돌아보면
주님
예까지
동행한 흔적
역역하다.

뿌연 한해의
거울 속을

당신 은혜로
맑게
닦아내는
세월의 끝자락

앙상하듯
나무 사이

노을이
붉다.

* 2011. 12. 4. 두레누리교회 주보

누가

이 아침
누가
마중 오듯

젖은 이슬
스쳐 지나간
풀섶에

아직 당신
흔적은 남아
따스한 햇살 영롱히
묻어있다

신기하고 아름다운
생명 당신
사랑과 은혜임을

부질없듯 세월
아득히
물안개 서리고

주님,
마중 오시다.

* 2014. 8. 17. 두레누리교회 주보

눈 속에

갈급한 영혼을
주님
불쌍히 여기소서.

들꽃의 서운함
모과차 향내처럼
서리는 12월

몽당연필이듯
살아 있을 목숨
점점 무디어지는 날

눈 속에
파묻히는
먼, 먼
고향길

당신 은혜로
한해가
저물다.

* 2011. 12. 11. 두레누리교회 주보

눈 오는 날

천하보다 귀한 영혼들
발 끝에 채여
돌보다 더 천하게
나뒹구는 세상 저녁

하늘에는
신령한 양식이 부족하고
점점 좁아지는
생명의 굽은 골목길

남루한 내 옷깃을
스쳐 지나가는
빈 바람소리

허다한 허물 덮으시고
눈부신 세상
하얗게 밝는다.

늦꽃

돌아보면
눈물
맺히듯

오직
은혜로
업혀 온
세월

뫼 길에
늦꽃

마른 꽃대궁
연민이듯
흔들리다.

* 2014. 7. 27. 두레누리교회 주보

다시 태어난다면

하얀 도화지
그림 그리듯
다시 태어난다면

정말, 부끄럼 없는
꽃이고 싶다

바람 여리듯
풀잎 흔들리는 영혼

사는 일
가슴 송송 구멍
뚫리듯 서글픈 날

나사렛 예수 그리스도여
목숨처럼
당신,
사랑하고 싶다.

* 2012. 3. 11. 두레누리교회 주보

당신께 기도해야 하리

사람 산다는 게
별것도 아니란 것
나이 들면서
깨우쳐지고

귓전엔
밤새껏
겨울 파도소리

나이 들면
눈이 어두워지고
귀는 밝아져

어둠의 먼 발자욱소리
선명히 들리고

한 때 수선스럽던
떡갈나무 숲
새떼들도 조용할 무렵

누구에게 한번도
기쁨이 되지 못한

허술한 옷깃
여미는 저녁이 있다.

* 2001. 7. 8.

당신 오신 날

주여,
우리 모두 하나 되게 하소서.
나와 내가 하나 되게 하소서
나와 이웃이 하나 되게 하소서
나와 조국이 하나 되게 하소서
나와 우주가 하나 되게 하소서
대립이 없게 하소서
순진하고 어린 것들이
피멍 들지 않게 하소서.
약한 것들이 짓밟혀서
억압되지 않게 하소서
물질이 정신을
업수이 여기지 않게 하소서
절대다수가 절대 소수를
유린하지 않게 하소서
허물을 가리워주고
소망으로 살게 하소서
사랑으로 감당하게 하소서
기쁨으로 받아들이게 하소서
주여,
우리 모두 하나이게 하소서.

* 1984. 5. 4.

당신 오실 날

어느 날
마른하늘에 번개가 칠라.

어느 날
홍수에 봇물이 터질라.

어느 날
광장에 함성처럼 일제히 일어설라.

어느 날
죽은 자가 산 자를 증거하러 올라.

* 1982. 2. 4.

당신은

죄인끼리
수인끼리
잘잘못 따져 무엇하랴

일곱 번이 아니라
일곱 번씩
일흔 번이라도
용서하라신
그 말씀

진실로 원수마저
사랑한 당신

이 세상
어디 온전한 자 있다고
죄 없는 자 돌 들어
이 여인을 쳐라
아, 절대의 말씀

그 뇌성
그 오뇌
당신은 참으로 크십니다.

*1990. 10. 14.

당신은 누구십니까

뒤돌아보면
흠집투성이뿐인
가슴 답답한 사람아

하늘 아래
땅 위에
마음 나눌 뉘 있으랴.

어느 순간
억겁을 창조하신
당신을 만났을 때

하늘엔 온통
흰비둘기 떼들
은혜의 파도 출렁이고

영혼의 아픈
보자기를 당신 앞에
풀어 헤치며

밤새껏 흘린 눈물을
조용히 닦아주시던
당신은 누구십니까?

* 1991. 11. 9.

당신은 빛이 되어

사방 둘러봐도
캄캄한 어둠일 때

벼랑 끝 폭풍 속
뿌리가 들어날 때

허한 기침소리
새벽을 깨면

노오란 달맞이꽃
여린 정으로 나부낀다.

턱 없는 삶
애증으로
숨차 오르는 시간

저 미명의
아침 안개 속
빛으로 오시는 당신.

* 2000. 9. 10.

당신의 등이 보이다

마른 풀이듯
시든 꽃이듯

가을녘에
서면

넌지시
쓸쓸한 사람
등이 보이다.

걸어온
눈물 골짜기
어느덧 훌쩍
지나쳐

머리에
하얗게 서리가
내리고

가슴 뭉클
은혜의 노을 지다.

* 2011. 9. 4. 두레누리교회

당신처럼

내일
있기에
의미있는
생명

절망할
순간에도
소망으로 붙드시고

열 번
쓰러져도
다시 일어설
믿음 주시는

주님,
참 사랑
물보라 치듯

목숨보다
더 소중한

그 사랑으로
살 수 있다면
살 수 있다면.

* 2013. 9. 15. 두레누리교회 주보

뒤돌아보면

샛강
살얼음 풀리듯
미움도 풀어져

이 봄날은
눈부신 들녘처럼
사랑의 꽃망울
사방
맺혔으면 좋겠다.

삶은
각박한 현실
너와 나 단절하듯
어우러져 나누지 못한
그리움
강처럼 한으로 서린 채

고독한 질주를 하듯
앞으로 앞으로만 향해
페달을 밟으면
잠시 가던 길 멈추고
그리스도
그 사랑으로
뒤돌아보며

포송포송한 갯버들처럼
쫑긋
맑은 하늘 소리에
귀 세울 일이다.

* 2007. 3. 11. 두레누리교회 주보

들꽃은

성큼,
가을 햇살
메마른 낙엽
헙헙히 나뒹굴고

비록, 아직
열매 맺지 못한
나무로 서 있지만

바스락 소리
내, 영혼
소스라치지 않게
하소서

삶이 마냥
바람에 부대끼듯
지순한 들꽃같이

겸손히
주님
찬양하게 하소서.

* 2013. 10. 27. 두레누리교회 주보

들녘에

모과 차
끓이듯

들녘에
가을 향취
물씬하다

술 취하듯
한나절
홀로 걸으면

새삼,
그 나무가 그 나무가
아니고

그 하늘이 그 하늘
아닌

세상이
새롭게 보이듯

주님 앞에
나도 이 가을
새롭게 서고 싶다.

* 2013. 10. 13. 두레누리교회 주보

땅 위에 뭣이라 쓰신다

하루하루
소금기둥 되어가는
우리들의 일상

살점을 저미고
영혼을 찢는
사육제는 밤이 길고

욕망의 열차는
아라비아 사막을 횡단하고
모래바람 속
주저앉는
지친 낙타의 무릎

왜 살아야 하는 것인가
이구아나의 흐릿한 눈빛이
노려본다.

형이하학적 증명으로
형이상학적 논쟁으로
지금 우리들 세상
시끄럽고

천지를 창조하신 하나님
오늘도 낙심하시며
땅 위에 뭣이라 쓰신다.

때로 지치면

친구야, 흐린 날
탓하지 말라

자욱하듯
아침 안개 걷히면

또, 찬란한
햇살
눈 부시다

삶이 암담할 때
친구야,
지나온 일
돌아봐

예까지
왔음 은혜를
감사하며

친구야, 너
저 파란 하늘
주님 바라라.

* 2012. 12. 16. 두레누리교회 주보

또, 이 아침

친구여
슬픈 얼굴
짓지 마라

파란 하늘
꿈꾸듯
들리는 주님
음성

내,
너를 사랑
하노라

가슴 벅찬
당신
연서 숨가삐 읽어 내려가면

꿈꾸듯
골고다 향하신 당신
만난다,
이, 아침도.

* 2014. 6. 15. 두레누리교회 주보

라일락 향기는

참혹하듯
한 계절
넉넉히 견딘
파릇파릇한
새싹처럼

우리 신앙도
기운차게
하소서

라일락 향기
묻혀 오듯
4월
사랑의 향내
그윽하고

사방
꽃망울 터지듯
봄 하늘가
소녀처럼
황홀히
꽃물 들다.

* 2013 4. 21. 두레누리교회 주보

마음에

마음에
숨 죽이듯

자목련처럼
피는 당신

소리 없이
옷깃 여며주듯
선한
바람결 같으신 이

아침 햇살처럼
영롱하듯
세상 밝히는 예수 그리스도

칠흑같은 내
마음 속

등불 하나
환하게
켜 주시는
주님.

* 2013. 5. 19. 두레누리교회 주보

말씀 1

주님을
사랑하지 못한 채
허겁지겁
예까지 왔습니다

설합 속
쌓인 잡동사니들

저녁 오기 전
말끔히 정리하고
잠자리 들고 싶습니다

어디서
들려오는 찬송
하늘 가는 밝은 길
아련하듯

마태복음
오장삼절 말씀

읽고 또 읽고
어느새
눈가에 맺히는

이슬

* 2012. 7. 1. 두레누리교회 주보

말씀 2

짓무른
눈물바다

낡은
표지로
찢기는
세월

한 방울
안약
충혈된 눈
시원하듯

은혜
일렁이는
생명수

평강의 물결
아득히
밀려온다.

* 2006. 첫 시집 [망초꽃 연가]
* 2014. 2. 9. 두레누리교회 주보

말씀의 강가에

바람소리
빗소리

문득 문득
귀 세우며
뒤돌아보고

아슬한
벼랑 끝 서있듯
고독한 영혼

여린 들꽃처럼
갈급히

말씀의 강가에 등 떠밀려
발목 시리다.

주님 사랑
촉촉한 아침.

* 2013. 6. 23. 두레누리교회 주보

메꽃 1

문득

어디로
하염없이
당신이
떠메고 가듯

슬픔 없는
파란 하늘
동네

메꽃
메꽃으로나
피리.

*2006. 10. 3.
* 기독문예 기고작품

메꽃 2

당신
손 닿는
하늘 동네

아름다운
몸짓으로
오늘도
그곳에 닿으리.

* 2014. 6. 8. 두레누리교회 주보

미네르바

태초
젖은 바람이었다
나는

어둠이고
혼돈이며
푸석푸석한 흙덩이

후, 하고
당신이 불어넣은
생기로

눈부신 빛 속에서
깨어난
생명

가엾은
미네르바
늪에 빠진
카오스

무화과 잎으로
가리워지지 않는
네, 수치.

* 2006. 첫 시집 [망초꽃 연가]

민들레꽃처럼

애초
그렇게
운명 지워지듯

어디든
척박한 곳
뿌리 내리며

눈가에
노란 면류관 쓰듯
끈질긴 생명인가

민들레꽃
너, 보면
자꾸만 그리운
예수 그리스도

오늘도
향그럽듯
부드런 바람같이, 날려가는
사랑.

* 2013. 5. 5. 두레누리교회 주보

믿음의 눈을

허망한 것들을
바라보듯
지치는 저녁

믿음의
눈, 뜨게 하셔요
주님

믿는 자만이
생명의 길
갈 수 있으니

그 말씀
뿌리 깊이, 깊이
시냇가로 뻗쳐
당신 기뻐하는
열매 맺히게
하십시오.
주님.

* 2011.7.10. 두레누리교회 주보

믿음의 문 열리면

믿음의
문 열리면
봄날같이
영혼은
꽃처럼 화사하리

믿음의
문 열리면
날개 달린채
나, 하늘도 날으리

연산홍 붉은
핏빛 당신 사랑
취하듯

믿음의 문
열리면
슬픈 세상도
황홀한 구름이듯
녹여지리.

* 2012. 2. 26. 두레누리교회 주보

바람 불어오듯

바람 불어오듯
숨 죽이며
다가오시네

허름한 곳
찾아
낮은 모습으로
오시는 이

당신 만나면
서러운
내 삶
눈물이 되네

꽃물이
되네.

* 2012. 2. 5. 두레누리교회 주보

바람 쓸리는 날

무거운 짐
다아 내게 맡기라시듯

함초롬
바람 쓸리는 날

세속 시간
손 꼽듯

연민
가득하고

지나간
시간 아쉽듯
뒤돌아보는

너는
밑둥 시린
나무
주님, 불쌍히 여기소서.

* 2013. 2. 17. 두레누리교회 주보

벙어리가 되듯

베고니아처럼
진홍빛 사랑
가슴 촉촉하다.

벙어리 되듯
하늘도
내려 앉고

험한 갈보리
내딛는
참담한 발자국

울다, 울다
하얗게
새벽 밝히듯

하찮은
내 귀에도
당신,
애절한 신음
들리다.

* 2013. 3. 24. 두레누리교회 주보

별이 뜨면

저녁 하늘 별 뜨면
더러 눈물도
흘렸어라

변두리 바람이듯
때로, 허기져
맴돌기도 하였어라

언제나 살며시
다가와 깨우시는
주님

낮은 목소리
들리듯

그 은혜
앙상한 나무
겨울 바람속
당신 음성
들리다.

* 2012. 2. 12. 두레누리교회 주보

복음

넋 놓고
질편한 뒷골목
여지껏
기웃거렸다

지쳐 돌아와
예배당 끝자리
먼 귀로 맴도는
요한복음

뜨거운 소망
은혜의
말씀

이제사
탄식하며

눈물 핑 도는
가시가 뽑히던
그날.

* 2006. 첫 시집 [망초꽃 연가]

봄 1

황량한
대지가 꿈틀거리듯
들녘이
기지개 하는 봄

잔설 녹아내리듯
갈급한 영혼
물댄 동산처럼
은혜로
풍성케 하옵소서

심령이 갈급하지
않도록
말씀의 강가로
나를 인도하시고

영혼이 벚꽃처럼
눈부시게
성령으로 충만케
하소서.

* 2014. 3. 2. 두레누리교회 주보

봄날

풋보리 파르르
키를 낮춘다.

참람僭濫한 쪽빛
들녘

당신은
한 획으로 수평을 긋고

부신 햇살
오롯이 애살지게 웃어쌌는
봄날

은빛 피라미 숨차게
샛강 뛰어오르면

금세 녹아질
아지랑이 스물대는

가물가물한
고향이 보인다.

* 2014. 2. 19.
* 문학사랑회 56회 시낭송회 낭송

봄날을 준비하는

살얼음 깨어진
샛강에
물오리 노닐고

마른 풀잎
물안개 맺힌 채
어디쯤
나를 지켜보시며
당신은
넌지시 웃고 계시다.

고된 삶
소망으로 채우시는
사랑의 주님

봄날 준비
얼마나 분주하신가요.
밀리서 일음 풀리는 소리
청청히 들립니다.

* 2009. 2. 1. 두레누리교회 주보

봄비

주님
걸어오시듯
저 들녘
봄비 내리고

늦은 비
이른 비

무화과 열매 맺는
사랑의 숨결

현란하듯
사방 새 생명
기지개켜듯

날마다
웃자란 축제다.
이 땅은

봄비
사랑과 평화
은혜이듯
촉촉이 내려라.

* 2013. 4. 7. 두레누리교회 주보
* 2014. 2. 2. 두레누리교회 주보

봄비는

영혼
환하게 뜨이듯
주님 오시는
길목

봄비는
망망한 세상
종일 내리고

우슬초로
씻기듯

겨울의
슬픈 이야기
올망졸망 땅에 묻히듯

수선화 여린 꽃망울
당신 사랑처럼
피다.

* 2012. 3. 4. 두레누리교회 주보

부드러운 손

까마득 잊혀가고
외로움마저
향기이듯

가을비 젖은
마른 씀바귀꽃

에돌아 온
아득한 길에

또 돌아서야할
나직한 저녁

부드러운
당신 손

가슴
쓸어내리다.

* 2011. 11. 13 두레누리교회 주보

부활

칠흑
무덤 속
엷은 빛이
지나가듯

너를 향한
은총

그 생명
깨달을 수 없는
신비

예수 그리스도
영원한 사랑

함초롬히
새벽
다녀가듯

그리움
밝히는
여명의 순간
꽃처럼

눈부신
아침이여.

* 2014. 4. 20. 두레누리교회 주보

부활의 아침에

주님, 나직히
당신 부릅니다

하염없는
삶의 연민인들
어찌,
바람은 자꾸만
일렁이듯 옷깃 여밉니다

갈릴리
가슴 설레는
주님 모습 보일 듯

하얀 세마포
입으신 채
내게로
걸어 오시는 이여

부활의 이 아침
파도도 잠잠한 채

들녘에는
봄비가 내립니다.

* 2012. 4. 8. 두레누리교회 주보

사람들은

새벽별
빛나듯

영원히 갈급한
하늘 소망

잉잉거리며
기차는
뽀얀 유채꽃 들판을
가로지르고 있다.

해가
어느덧
중천에 이르고

무심히 흘러간
안개강

초조하듯
오지 않는 막차
기다리는

엇갈린 인생

텅 빈 대합실
웅성거리고 있다.

* 2007. 6. 17. 두레누리교회 주보

사랑

더도 덜도 말고
내 몸과 같이
이웃을 사랑할 수 있다면
아 그럴 수만 있다면

참으로 세상이
얼마나 살맛이 나겠는가

그 쉽고도
어려운 일

형제여
더도 덜도 말고
우리 그렇게 살 수 있다면
눈물과 고통의
세상인들

참으로 삶이
얼마나 신명나지 않겠는가.

* 1998. 6. 28.

사랑의 미학

사랑하는
만큼
아파야
하고

사랑하는
만큼
슬퍼야
하는

모순의
역학이여

둘이
하나 되어

아픈
만큼
성숙하는
사랑의
변주곡이여.

* 1998. 7. 13.

사랑함으로

갈기갈기
살점
으깨져도

내, 참을 수
있어라

가시면류관
씌우고
조롱해도

두 손
발목 대못 박혀
옆구리
철철 피 흘러도

내
너, 사랑하므로
이길 수 있었노라.

* 2006. 첫 시집 [망초꽃 연가]
* 2007. 1. 21. 두레누리교회 주보
* 2014. 3. 16. 두레누리교회 주보

사랑해요

주님,
사랑해요

당신이 아니면
정말
나, 한낱
미물일 뿐

허망한
세상 바다
겉돌고
방황하듯
멈추게 하신 용서의 주님
참, 감사합니다

오늘도
자맥질하듯
밀려오는
평강의 주님

사랑해요
예수 그리스도.

* 2014. 6. 29. 두레누리교회 주보

새롭게 하소서

쓰다 버린
몽당연필 같다

다아 마시고 버린
빈 커피 캔처럼

아무데나
뒹굴다
녹슬어 비릴
하잘 것 없는 너도

주님 손 잡히면
하늘나리처럼
아름답고

황무지
엉컹퀴 우거진
마음밭에

말씀의 씨앗
떨어져
이, 아침
황홀한 나팔꽃처럼
우리 새롭게 하소서.

* 2013. 7. 21. 두레누리교회 주보

새벽

수심 깊은
그 눈빛

갈기갈기
찢긴 가슴

맨발로
홀연히
떠나시는
쓸쓸한 모습

끝없이
일렁이는
갈릴리 호수

땀방울
핏방울 되도록
참담한

저 골고다
향하시던
외로운 모습

오늘도
두 번

세 번
십자가 못 박는

깨달음 없이
주여, 주여 하며

겉치레 요란한 채
바리새인 닮은
내게도

그 여명의
새벽 오는가
오는가.

*2006. 첫 시집 [망초꽃 연가]

새벽기도

주님! 부르면
저만치
슬픔이 앞서가고

주님! 부르면
저만치
기쁨이 뒤따르고

주님!
북받쳐 통곡하면
하늘 가득
비둘기 떼 내리는
새벽.

* 2000. 4. 17.

새벽은 1

캄캄하다
캄캄하다
어둠이 싫다.

카멜레온은
카멜레온

새벽은
어디쯤에서
고뿔이 들렸냐.

도요새는
도요새

캄캄한 게
어디
우리뿐이랴.

새벽은 2

주님,
은혜의 텃밭
믿음으로
아름다운 성품 가꾸게 하소서

세상 바라보며
롯의 아내처럼
소금 기둥 되어가는
오늘

수족관 갇힌
비늘 벗겨진
슬픈 어족처럼
물끄럼 하지 않고

당신 사랑
빛나는
눈동자이게 하소서

첫 새벽
동트는 하늘이게
하소서.

* 2012. 4. 22. 두레누리교회 주보

새벽은 오는가

수심 깊은 그 눈빛
갈래갈래 찢긴 가슴

홀연히 떠나시는
쓸쓸한 뒷모습

땀방울이
핏방울이 되도록
참담한
저 피바다

골고다를 향하시던
외로운 모습,
오늘도 두 번 세 번
당신을 십자가에 못 박는

겉치레 목청 시끄러운
내 모습,
깨달음 없이
주여, 주여!

무지한 내게도
오늘 새벽은 오는가.

* 2014. 3. 9. 두레누리교회 주보

새벽을 깨우다

하얀
꽃보라치듯
가슴 내려앉는
4월

멀리
닭울음소리
눈물 흘리듯

통한의 회개
이슬 젖고

너는,
나를 사랑하느냐

너는
나를 사랑하느냐

깨우듯
주님,
음성 들리는
미명
베드로처럼 눈물 흘리다.

* 2013. 4. 14. 두레누리교회 주보

새 생명

마른 갈대처럼
연약하듯

생명의
절규 들리는
시간

당신 만날
오직 일념뿐
나무 위 오르던
사나이

패배와 실패
겸손히 인정하듯
용기있는
삭개오 같이

이제사, 나
새 생명
깨어나는
이 아침.

* 2012. 8. 12. 두레누리교회 주보

새 아침에

주님,
새 아침 옷깃
여밉니다.

겸허한 마음
당신이 주신
귀한 도구인 시간

생명 살리듯
은혜의 도구로
사용하게 하소서

"옛것은 지나가고
보라, 새것이 되었도다"

주님,
새 역사, 새 인생
은총과 축복의
한 해 되게 하시고

당신은
늘 새 바람
불어 오시다.

* 2013. 1. 6. 두레누리교회 주보

새해의 시

하나님, 당신의
은총에 감사합니다.

투정으로 얼룩진
삶의 미숙함도
사랑으로 안아주셔서

부끄럽게
촛불 밝히며
두 손 모읍니다.

더욱 겸손한
신앙의 사람이 되어
어둔 세상을
화목하게 할 수 있는
믿음을 주시옵소서.

평화와 사랑의 주님!

* 2007. 1. 7.

세태 1

바겐세일 상표
씨엠송
수선 떠는
주님 오신 날

성 프란시스
눈물의 기도
비웃듯 펄럭이는
낯간지런 현수막

프라스틱 트리
헛기침 하듯
깜박깜박

삼동 허허벌판
허공으로 허공으로
당신은
떠밀려 가고

예루살렘
빈 구유
아기 나신 날

사람들

떠들썩 식탐으로
저무는 날.

* 2006. 첫 시집 [망초꽃 연가]

소망 1

내, 소망
끊임없이 자맥질하듯
주님께로
향하는 것

야곱처럼
얍복강 나루
의로운 씨름하게 하듯

봄꽃이 폈다
지는 자리마다

사랑의 씨앗
내 속에 심어져

올곧지 못한
믿음
겸허한 말씀으로
다듬어 주옵소서.

* 2012. 5. 6. 두레누리교회 주보

소명

어찌 부르십니까
님이시여,

낡은 깃털
나부끼는

찌든 먼지
암담히
철지난 하우스 과일로
나뒹구는데

님이여
어찌 나를 부르십니까.

* 2006. 첫 시집 [망초꽃 연가]
* 2014. 4. 6. 두레누리교회 주보

소한

눈 한 짐 부려놓고
달아나는 저녁바람

빛이 물러가고
꾸물대며 어둠이 몰려온다.

나무들 가슴에
하얀 꽃 달고

초상집 흰 양탄자길
희미한 조등처럼
가물가물 기워지고 있다.

속삭이듯

사랑하노라
속삭이시듯
다가와

고난마저
보석처럼
사랑으로 다듬는
주님

때로
삶의 슬픈 강가
눈비 바람 부는 날

보듬듯
은혜의 손길

참, 사랑
따스히
안아 주시는
내, 주님

* 2013. 2. 3. 두레누리교회 주보

수가성 우물가는

수가성 우물가 여인처럼
목마른 내 영혼

세상
무엇을 채워봐도
허전한 둘레.

무엇을 먹을까
속없는 궁리로
해 저무는 시간

시작도 끝도
늘 어긋나는

오늘도
어둔 수가성 우물가
두레박을 드리우고

끝없는 애증과
갈증을 퍼올리는 사람아
사람아!

* 1998. 11. 23.

숨겨진 보화

아직도 내 소유를
다 팔지 못해
늦은 장터에 서성인다.

구경을 해도 해도
끝이 없듯
탐욕의 거리는 어지럽고

나직하게
당신께만 고백하노니
아직은
그 밭은 소유할 수 있는
믿음이 부족하다.

슬픈 짐승

내 손 끝에 묻은
죄를 털게 하소서.

염치 없이
당신을 부르며
애통해 하지만
지울 수 없는 업보를
닦아 주소서.

삶은 때때로
환희였음을
남은 사람들에게
들려주게 하소서.

여물을 씹듯
세월 그렇듯 허송하고
큰 눈 껌벅이듯
세상 코 꿰어 가는
슬픈 짐승
되지 않게 하소서.

슬플지라도

우리가
슬플지라도
저, 높은 곳
바라보게 하소서

애통하는
자
긍휼히 여기시는
주님

캄캄한 세상
젊은 생명
노란 나비처럼
하늘 향해
날아가고

신음하며
통곡하는
우리 불쌍히 여기소서

터질 듯
비통하고
참담한 이
저녁
우리들 영혼

낙망치 않게
하소서
주님.

* 2014. 4. 27. 두레누리교회 주보

숲길로 오라

자스민,
사랑의 향기

주님 계심으로
행복한
아침

고통의 멍에마저
작별을 하고

사랑하는
사람아
싸이프로스
숲길로 오라

눈부신
햇살 너머
은혜의 오색무지개
영롱하다

인생 암울한
바다 멀리
소망의
배 띄우다.

* 2012. 5. 27. 두레누리교회 주보

시간은

멈출 듯
숨 끊기듯
땅거미 밀려오는
시간

누가 손 흔들 듯
안타깝다

머지않아 당도할
저, 푸른 하늘 동네
발 동동 구르는 일 더 없이
주님 마중 오시고

느릿느릿
뒷짐 지고 오시는 이

동박새
카랑 카랑
재잘스런 들녘

당신 오시는
길 섶
자욱이 물안개
서리다.

* 2014. 8. 24. 두레누리교회 주보

시그널

짙은 색깔로
엎질러진
잉크 빛 얼룩
지워도
지워도
시려오는
이별이란 의미가
남겨 놓은
보랏빛 상흔傷痕

* 1983. 2. 17.

시몬아

시몬아
나를
사랑하느냐

영음靈音
들리는
새벽

가슴 무너지듯
베드로 같은
눈물
내게도
글썽입니다.

긍휼히 여기소서
주님.

* 2011. 6. 12. 두레누리교회 주보

시인 혁명

악령들 몰려 있는
문명의 사원을 파괴하라.

시인 공화국에
깃발을 올리자.

사람 귀한 대접 받는
사람의 동네를 건설하라.

모든 전자제품 폐기하고
문명을 부수어라.

사람보다 더 귀한 것을
인정하지 말라.

지구를 접수하라,
자연으로 돌아가자.

신대리에서

당신은
겨울을 빚으시느라
침묵하시고

쪽빛 하늘만
여울에 잠깁니다.

애처로운 여인
눈가에
노을이 타고

새들은 저희들끼리
향방 없이 날아갔는데

감빛 하늘
점 하나 찍히는
그리움

흑두루미 혼자 날아가는
저녁 능선.

* 2000. 11. 9.

실향

우리가
한줌 흙이 아닌가.

깨어나지 않는
어둠의 숲에서

밤새
부르던 예루살렘아
예루살렘아

종일
목마른 채
끌려가는
무거운 걸음
걸음

돌아가 누울
고향은
아득하고

실향의
눈물짓는
바벨론
언덕.

* 2006. 첫 시집 [망초꽃 연가]

아욱꽃처럼

별빛마저 아득히
사라진 채

하늘 노랗던
그날

아욱꽃처럼
하얗게 지새던
밤

시렵고
갈대같이 뒤척일 때

살포시
달맞이 꽃처럼
당신
손 흔드시듯

언뜻 언뜻
그 사랑
보여 주시는
은혜의 주님.

* 2012. 6. 3. 두레누리교회 주보

아침마다

세상 땟국
찌든
내 영혼

아침마다
맑은 물에
얼굴을 담그듯

부끄러운
표피를 닦아내는
정성으로
마음을 씻자.

그리고
찬란한 이슬빛
영롱함으로
다시 눈 뜨자.

아침마다
맑은 물로
얼굴을 씻듯이.

안이숙 사모님 추모 시

결 고운
베틀을 짜다
잠시 손 놓고
먼 길 떠나십니까.

어두운 시대
암울한 역사
그 크신 사랑의 몸짓

어디서 우리
당신의 담백한
따스함 다시 만나랴

죽어요,
그런데 안 죽어요.
카랑카랑한
진리 복음

담대한 용기
수줍은 여인아

어찌
막막한 이별

손 흔드십니까?
소중한 당신 유품을 챙겨

우리
광야로 가리.

거기서
피 토하며
그 사랑 증거하리.

딩신의 믿음
푯대 삼이
타는 목마름으로
어두움 비추리.

* 2006 첫 시집 [망초꽃 연가]

어떻게 할까

어떻게 할까
마음
무너지면

환한 달빛으로
달래듯

애 터지게
갈대와 흔들리는
가을

모두 떠나버린
빈 역사

덩그렇듯
혼자 남다

주님,
어떻게 할까요.

* 2013. 11. 10. 두레누리교회 주보
* 2014. 3. 23. 두레누리교회 주보

어쩌면

어쩌면
이길
마지막일지
뒤척이듯 뒤돌아보면

스쳐온
세월
그 강가
제비꽃 너울지다

사는 것
이것이 아닌데
아닌데 하며
사뭇 몸부림치던
연약한 꽃대궁처럼

오늘이사
저 피안
주님, 손짓하시듯
하늘 더욱
푸르고 아름답다.

* 2014. 8. 10. 두레누리교회 주보

언덕

창과 못
피, 물
다아 쏟으신

당신
처절한
십자가 사랑이여

내 벼갯가
부끄럼만 쌓이고

사람들 여전히
가시로
이웃을 찌르고 있다.

엘리, 엘리
그리스도
당신
피맺히는 신음

다 이루셨다.
운명하신
죽음의
골고다, 골고다

저, 사랑의
슬픈 언덕.

* 20017. 4. 15. 두레누리교회 주보

언젠가 1

우리 언젠가
손때 묻은 장신구
훨훨 모닥불 지핀 채
재티로 나아갈
그 날

시리고
아픈

창백한 별빛
뜨락에 스러지는
새벽

귀 기울이면
애틋한 소리 들리듯

가야할 곳
어렴풋이
들꽃처럼 아른거린다.

언젠가 2

언젠가
손목시계도
멈추고

가장 가까운
사람조차
기억 속
가물가물해도

주님, 당신이
기억해 주시면
한송이 들꽃이면
어떻습니까

멈칫거리듯
해 걸음도
이제
서글프지 않고

주님, 기억해
주시면.

* 2013. 9. 8. 두레누리교회 주보

여름 바다는

파란
하늘 끝
구름 꽃 피듯

파도 휩쓸려
작은 섬으로
떠있는
마음

삶이 시름이듯
시간도 해풍에
나리꽃처럼
흔들리고

8월
여름 바다

조약돌 주워담듯
곰곰이 당신 말씀
자맥질하다.

* 2011. 8. 7. 두레누리교회 주보

여름 산조散調

왜 사느냐
물으면

어찌 궁색한
변명하리.

혼자서 올려보는 하늘 가
늘, 그리움
구름처럼 떠돌고

왜 사느냐
물으면

패랭이꽃에
나비가 사뿐 앉는다.

* 2001. 8. 5.

여명은 오는가

수심 깊은 그 눈빛
찢긴 가슴

맨발로 홀연히
떠나시는
쓸쓸한 모습

끝없이 일렁이는
갈릴리 호수

땀방울
핏방울 되도록
참담한

저 골고다 향하시던
외로운 모습

오늘도
두 번, 세 번
십자가 못 박는

깨달음 없이
주여, 주여 하며

겉치레 요란한 채
바리새인 닮은 내게도

그 여명의
새벽 오는가

* 2014. 1. 5. 두레누리교회 주보

여호와는

내가 슬플 때
당신도 슬퍼하셨고

내가 고통할 때
당신도 아파하시며

끝내 기쁨의 해안에
닻을 내릴 수 있게 하시는
여호와 하나님

사방이 비록
칠흑의 절벽일지라도
우리 손을 굳게 잡아
이끄시는 주님

어제도
오늘도
또 내일도
동일하신 오, 야훼여!

*1993. 2. 27.

연가戀歌 1

나 언제쯤
이 추한 허욕의
눈과 귀를
가리고

신령함으로
눈 뜰 수 있을까?

늘 주님 은총의
문전을
서성이며

의심 많던 도마처럼
안쓰런 나그네

생각할수록
지은 빚 너무 무거워
늘 울어도
눈물뿐인
슬픈 연가戀歌

* 2000. 5. 22.

연약한 나무

하나님
나를 사랑하시면
뭘, 걱정할까

온갖
세상 일
휘둘린 채
밤 하얗게
지새운 채

아직도
나약한 신앙
바람 흔들리듯

나,
연약한
나뭇가지.

* 2011. 10. 23. 두레누리교회 주보

엽서

가을엔
혼자
길을 나서야 한다

아침마다
세수하지만
씻지 못한
땟국

낙엽이
맨몸 굴리듯

주님이
용서할 때까지
엎드려
울어야 한다

가을엔
혼자
길을 나선다.

* 2006. 첫 시집 [망초꽃 연가]
* 2007. 9. 16. 두레누리교회 주보
* 2013. 9. 22. 두레누리교회 주보

예배당

가을도 그렇게
놓쳐버리고

펑펑
겨울눈이
내리면

멈춘 시간처럼
고요한 마을

이따금
다녀가는 바람소리
귀를 세우면

반가운 사람
눈 털고
들어설 듯

산골 예배당
당신이
먼저 와 계신다.

오늘도 1

오늘도
외롭고 쓸쓸한
날

벚꽃을
눈처럼 날리시는
사랑의 주님

사랑, 받기만 하듯
늘
투정뿐인 나

혼자
길 가다
문득 돌아보면

저만치 따라오시고
다시 길 가다 자주
넘어질 때
빙긋이 손 내미시는 주님.

* 2012. 3. 25. 두레누리교회 주보

오늘도 바람 일고

파란 구름 너머
부신 햇살

흰옷 입으신 주님
날 오라
부르시고

귀 동량한
말씀 한 구절

오늘도 가슴에
바람 일다

두고 두고
후회할 일
매미처럼

한 겹씩
허물 벗는
아침.

* 2014. 7. 14. 두레누리교회 주보

오늘도 주님은

물비늘처럼
넘실대는
말씀의 바닷가
아침 안개
자욱하다.

늘 그 해변
선명한
자맥질
듣고 싶다.

목마른
생명
적시듯
밤새 눈물 대신
이슬 내려

오늘도 젖은
눈동자
나를 바라보시다.

* 2011.12. 18. 두레누리교회 주보

오늘 또

나
죄뿐이고

난
어둠이다.

절망하며
날마다
쓰러지지만

나의 힘이 되신
여호와

당신 사랑으로
오늘, 또
이렇듯
일어섭니다.

* 2011. 6. 19. 두레누리교회 주보

오늘은 눈이 내리고

살포시
어깨 얹히듯

짜투리 햇살
바람 쓸리며
웅성거린다

먼 능선
한쪽 기울고
사방 길은 지워진 채

청솔가지 꿈꾸듯
눈꽃이 피고

오늘
그대 영혼
먼 하늘
뒷을 내린다.

* 2004년 시화전 출품.
* 2006. 첫 시집 [망초꽃 연가]

옥잠화

주님 손끝
하얀 옥잠화

당신 손끝엔
긍휼 서리듯
꽃잎 이슬이 맺히고

애증의 세월
못나듯
영혼이 눈 먼 채

옥잠화
하얀꽃 향기

주님 은혜의
손 끝

내
영혼

깨우시는
주님.

* 2014. 8. 31. 두레누리교회 주보

왜 그대는

저, 노을이
핏물 들 듯

주님은 목숨과 사랑
물과 피
다아 쏟으셨다.

배신과 불신
은혜 짓밟힌 채
하늘 밝은 길
눈부신 저 곳

한량없이
눈물 젖은 채
저무는 한 나절

순하디 순한 어린양 같이
당신은
십자가 지고

저주의
골고다 골고다
뜨거운 불길 휩싸이는
그 언덕.

* 2007. 2. 11. 두레누리교회 주보

왜, 이렇듯

성큼
코스모스
가녀린 몸짓
또, 흔들리는
가을

까치소리
요란하듯
햇살 눈부시다

먼 산
구름 떠가듯
인생 속절 없고

의지 없듯
그를 찾아가는
내 걸음

이렇듯
더디고 느릴까

젖은 풀섶
수정 같은
주님 사랑 맺히다.

* 2012. 9. 23. 두레누리교회 주보

유리창

안경알 닦아내듯
뿌우연 유리창
호, 호,
하얀 입김 불어
마음 갈앉히면

마알갛게 개인 들녘
주님 걸어 오시다

허둥지둥
떠메고 간
바깥 세월

벽걸이
달력으로
달랑 남듯

마음
어지럽다.

* 2012. 11. 11. 두레누리교회 주보

유형지

달도 별도
스러진 채

아득한 밤바다
무거운 파도
쓸리며 뒤척이는
저녁

남루한 비늘을
벗기듯
낡은 모서리
무너져 내리고

먼 벌판 달려오는
눈보라
칼바람

모든 길은 지워지고
당신께 닿는
믿음의 분량은
초라하기만 하다.

은사시 나무 1

캄캄히 파도치는
저녁
주님을 만났습니다

한바탕 폭풍 몰아쳐
조각 조각
난파선 침몰하고

눈비 오는 망망한
바닷가

아득한 햇살
눈부신 물비늘
빙그레 웃으시며 다가오시는
주님

비로소 난
꽃이 되고 구름 되어
소중한 의미가
됩니다

까마득한 절벽 끝에
밀쳐져도

영롱히
활짝 웃는
아침 꽃망울져

새 하늘 새 땅
한 그루 은사시나무
되게 하소서.

* 2006. 첫 시집 [망초꽃 연가]
* 2014. 1. 12. 두레누리교회 주보

은혜

나비처럼
훌훌 허물
벗듯

영혼의
면면
바람소리

오롯한 석류 알
벙글 듯

은혜로
깨어지는
새벽.

* 2006. 첫 시집 [망초꽃 연가]

은혜의 강

골고다 향해
이슬처럼
눈물 맺히시던
주님

당신
지나가신
5월 아침 풀섶
은사시 나뭇잎
바람결에
눈부시다.

생명의 의미
새삼
눈시울 뜨겁고

터질 듯한 가슴
은혜의 강
파도치다.

* 2011. 5. 29. 두레누리교회 주보

은혜의 바다

밀물
쓸려가듯

송두리째
당신께로

쓸려가는
사랑

오늘, 어두운
뜨락에
달빛이 내리고

삶의
부끄러운 굴레
하얗게

허물을
벗다.

* 2011. 10. 1. 두레누리교회 주보

음성

시몬아
님이 부르시는
저녁

일용할 양식
기우뚱거리듯
비둘기
날아가는 저녁

잿빛 길가
풀꽃이
머뭇거리고

아득히
돌아갈 고향

귓가엔
시몬아 시몬아
부르는 소리.

* 2006. 첫 시집 [망초꽃 연가]
* 2007. 2. 4. 두레누리교회 주보

이 가을

이, 가을
당신께로
귀 열리게
하소서

은혜의
말씀 출렁이게 하시는
주님

촉촉이
이슬 맺히듯

아련한
산 모퉁이
들국화 마중하듯

사마리아 여인처럼
가슴 떨게
하소서.

* 2013. 9. 29. 두레누리교회 주보

이 가을도

가을 햇살
고적히
밀려드는 들녘

목 마르듯
긴 미명
지새워
주님 오시는
환한 길목

말없이 오래도록
내 발을 씻겨주신
사랑의 주님

새들도, 나무들도, 풀잎까지
다소곳 그 은혜
사모하듯

제 자리 숙연히 비우며
고적히
주님, 마중하는
가을 들녘.

* 2013. 11. 17. 두레누리교회 주보

이 가을은

오늘 주신
일용할 양식으로 만족하는
겸손을 배우게 하소서.

범사에 감사하는
은혜의 햇살로
내 영혼 살 찌우게 하소서.

당신의 사랑
나눔으로
충일한 하루.

소망의 씨앗 떨구며
기다림으로 인내하는
들풀들의 지혜를
내게도 주시어

저 가을 날,
사랑으로
성숙한 나무가 되게 하소서.

* 2001. 9. 23.

이 땅에

이 땅에 그 모습으로
오셨습니까
주님,
낮고 천한
그 모습으로

화려한 탄생
사람들 누리는 삶 동경하지만

십자가
죽기까지 겸손과
순종한 당신 삶
내 죄를 대신하신 주님

사랑에 빚진 채
여전히 높은 바벨탑만 쌓는
내, 교만 무너뜨리소서

그리고,
불쌍히 여기소서.

* 2013. 12. 22. 두레누리교회 주보

이명耳鳴

너는 누구냐!
어디서 와서
지금, 무엇 하는지

지난 계절
사랑의 햇볕으로
노랗게 익은
감을 따는 오후

어디론가 기러기떼
날아가듯
파란 가을 하늘

넌, 날 사랑하느냐
너는 날 사랑하느냐

저만치
하늘 가득
이명처럼 들리는
소리.

* 2013. 11. 3. 두레누리교회 주보

이 세상엔 내 집이 없다 2

늘 마음뿐인
빈 인사

마음보다는
영혼으로 감사해야지

부끄럽게
갈지자 걸어온
세월

허술한 옷깃
또 여미어 보는
세모

히끗히끗
새치만 늘어가는
어른어른
부끄러운 얘티
언제나 벗을까.

이 아침도

당신이
기침을 하시듯
먼동 트이면
젖은 풀잎
어느덧
영롱히 빛나다.

생명의 주인
다녀가신
저, 잠잠한 들녘

나무는 나무대로
새들은 새들대로

하루의 살림을
힘차게
분주히 시작하듯

나도 덩달아
옷깃 여미다.

* 2011. 5. 8. 두레누리교회 주보

이 아침은

이 아침
마음 아프듯
떠난 사람들
들어설까

언뜻 언뜻
스쳐 지나간
창밖 풍경
가을 꽃처럼

마음속 남은
사람들아

겨울 견딘 민들레처럼
사는 일 아픔이지만
하나님 허물 덮듯

은혜의 봄비
촉촉이 내리다.

* 2012. 3. 19. 두레누리교회 주보

이제는

내 것은
이제 없다.

문패도 떼어
내려야 하고
주소도 지워야 한다.

이제는 당신에게
잡힌 몸이니

하찮은 부름에도
일일이 무릎 꿇고
순종하는

그 기쁨으로
해가 지고
날이 밝아야 한다.

이제사

모든 것이
있는 그대로가 아닌
은혜와 사랑의
충만임을
이제사
조금은 알 것 같습니다.

내 이웃이
냉혹한 시기와
미움의 대상이 아닌
사랑과 소망의
꽃나무임을
이제사
조금은 알 것 같습니다.

얇은 지식의 편견으로
세상을
있는 그대로가 아닌
그 누구의 은덕과
위대한 창조주의 축복임을
이제사
조금은 알 것 같습니다.

* 1999. 1. 10. 기독교방송 낭송

이제 조금은

이제는
아주 조금
알 것 같습니다.

내, 마음에
선과 악을

삶의 질곡과
눈물이며
고통

기도로
다스려 성숙한
나무가 되길 원하시는
그, 속내를

하얗게 눈꽃 피워
상처 싸매어
주시는 주님

당신 사랑의 밀어들
조금은 알 것 같습니다.

* 2012. 12. 9. 두레누리교회 주보

이팝나무는

굽어보듯
아릿한
은빛 바다

영롱한 말씀
비늘처럼
반짝이듯 빛난다.

넝쿨장미 살며시
고개 내미는
촉촉한 아침

이팝나무
하얀 꽃
피듯 지듯

숨가쁜
목숨의 무게

일어나라
손 내미는
주님.

* 2013. 6. 2. 두레누리교회 주보

인간

직립동물
5만년

있는 것이
없는 것보다는
소중하여

하나님 축복으로
하나님 은혜로

선과
악을 향한

양심의 씨름은
아름답다.

* 1999. 8. 12.

일기 1

좋은 일보다
아픈 일이 많았다.

기쁨보다
슬픈 일이 많았다.

의로운 죽음보다
비굴한 삶을
더 걱정하는
우둔한 하루

미래보다
현세를 헤쳐가는
곡예만 익혀 가는
일월

동물보다야 인간을
인간보다는
신을 더 생각했다.

어둔 등피를 닦으면
아슴히 밝아오는
영혼.

* 2000. 11. 9.

일몰

바라보면 볼수록
아늑한
그 분의 초상

오늘도
당신의 은택으로
감사한 하루

뿔뿔이 흩어졌던
식구들
저녁상에 둘러앉으면
무엇이 더 욕심이랴

비우면 채워주시고
채우면
넘치게 하시는
당신의 은혜.

장암리에서

가을도
그렇게
놓쳐버리고

펑펑
겨울
눈 쌓인

멈춘
시간처럼
고요한 마을

댓잎 스치는
바람
귀 세우면

반가운 사람
눈 털고
들어설 듯

당신이
어슴푸레
먼저 와 계시다.

* 2006. 첫시집 [망초꽃 연가]

저녁 송誦

또, 소중한
시간
꼭꼭 여미지 못한
헐렁한 일상

앞서거니
뒤서거니
도토리 키재기
분주하게 돌아가는
일벌들의 행렬

넝쿨장미 기어오르는
허름한 담 너머
향긋이 묻어오는
라일락 내음

철부지 식솔들
두세두세
잔잔한 목소리 들리는
울 안
또, 감사한 하루.

* 2000. 5. 1.

저를 낮추소서

자신도 모르듯
높아지며
교만해지려는

저를 낮추어
주십시오.

무지하고
어리석은 자신
돌아보게 하소서

내가
진정 누구인지
알려주시는
당신

그, 말씀
죽도록 순종하여
당신께
기쁨이 되게
하소서.

* 2012. 12. 30. 두레누리교회 주보

저도 모르듯

저도 모르듯
도시로 도시로
밀려와
둥지튼
동박새처럼

빼끔한
아파트 창 사이
잃어버린
파란
고향 하늘

빛바랜
증명사진 같은
그리운 얼굴들

더러는 유명을
달리한 채

통째로
반납할 폐타이어처럼
길가 나뒹굴고

당신 부르실 날

가까이 오는
가을.

* 2007. 9. 9.
* 두레 누리 교회 주보.

저문 강물에

암울했던 어제는
잊으라고

눈물 뿌리며 가던
밤길

그 기억조차
뒤로
뒤로 지우시며

하얀 눈
살포시 뿌리는
저 하늘 가

저문 강물에
사랑의 꽃잎을
날려 주시는

주님,
감사합니다.

* 2000. 12. 28.

전도서

헛되고 헛되고
헛되다면
저 찬란히
동트는 아침 어쩔까

헛되고 헛되고
헛되다면
식탁 둘러앉은
식솔들 똘방똘방한
눈빛은 또 어쩌는가

헛되고 헛되고
헛되다면
왜, 눈 깜짝할 순간

삼십만 킬로
숨가삐 달려와
여린 꽃망울 터뜨리는가
당신은.

* 2006. 첫 시집 [망초꽃 연가]
* 2014. 2. 23. 두레누리교회 주보

정녕, 새해는

물이 포도주로
바뀌듯
새해는 정녕,
기적이 일어나는
한 해 되게 하소서

가난한 영혼
비옥한 말씀의
단비, 매일 내리게 하소서

새해는 성령의 뜨거운
신앙의 깃발 펄럭이는
영혼의 구조선을

멀리, 멀리 띄우게 하소서
마귀올무 잡히지 않고
풍성한 나눔이 있게 하시고

하늘의 뜻
정녕 이루는
한 해가 되게 하소서.

* 2013. 1. 13. 두레누리교회 주보

젖은 그 눈동자

내가
사랑하므로
두렵지 않고

십자가
못 박히는
고통마저
기쁨이듯

주님은
젖은 눈동자
애원하듯

바람결
나뭇잎 흔드시며

종일

노을 타는
구름처럼

먼 능선
바라보시다.

* 2012. 7. 22. 두레누리교회 주보

젖은 바람으로

잠시 보이다
없어질
안개이듯

젖은 바람으로
깨우시는
주님

낮은 곳으로
당신 임하시듯

삶의 발목이
시렵지만

은혜의 말씀
나팔꽃처럼

마음 환해지는
아침

젖은 풀꽃 주님 사랑
여리듯 몸, 추스르다.

* 2012. 9. 16. 두레누리교회 주보

종소리

이슬 맺히듯
내 영혼

그렇게 영롱할 수만
있다면

떠오르는
먼 바다
아침 해처럼

내 영혼
그렇게 힘찰 수만
있다면

잊혀진
들녘마다
산골 가득

사랑의 종소리
그 은혜의 종소리
울려 퍼져라.

* 2009. 10. 25. 두레누리교회 주보

주님도

어깨가 처져
돌아오는
저녁,
먼 불빛

언제
내가 나다워
질 수 있을까

내가
나인 것
나만 알고

하나님만
아신다

점멸하듯
주님도 갈 곳 없이
헛헛한 저녁

* 2012. 1. 8. 대전두레누리교회 주보

주님, 마중 가야지

주님 오시는
저, 봄길
나 마중 가야지

아지랑이
가물거리는 논길 둑길
당신 걸어 오시면

긴 겨울 슬픈 아픔
눈 녹듯 녹다

흐뭇한 주님 미소처럼
버들강아지 꽃 피듯

연약한 당신 옆구리
핏빛 얼룩이듯
봄날 사랑으로 물들고

당신 오시는
봄 길
꽃보라치다.

* 2013. 3. 10. 두레누리교회 주보

주님 사랑

들꽃이듯
갈급하오니
날마다 더 가까이
이슬로
내리소서.

우리를
긍휼히 여기시는
주님

내 귀가
당신 향해 열리고
그 음성으로
믿음의 키

여름 들녘
찰옥수수 대궁처럼
날마다
더욱 자라게 하소서.

* 2011. 5. 22. 두레누리교회 주보

주님 사랑합니다

고통도
꽃으로 피워주시듯

아무도
밟지 않은
촉촉한 새벽 풀밭

당신 핏빛 사랑
영롱한 이슬
맺히다.

인생
흐리고 비오는 날

은빛 날개 펴듯
살포시 안아주시고
어깨 다독여 주시는
주님,
사랑합니다.

* 2013.6.16. 두레누리교회주보

주님 오신 날

저, 베들레헴
구원의
기쁜 소식

높은 자
대적하시고

낮은 자
위로하시는
주님

기쁨과
평화
참, 자유하듯

이곳이 천국같이
하얗게
송이 눈
내리다.

* 2012. 12. 23. 두레누리교회 주보

주님은 1

눈물
보여주시지 않고

한번도
낙심
보여주시지 않는
주님

절벽 끝에
서있는
사람마다

희망의 바람으로
불어오시는 이여!

끝없는
용서, 자비의
횃불로
나를 태우시며

날마다
호수처럼 나,
설레게 하시다.

* 2011. 8. 14 두레누리교회 주보

주님은 2

절벽 끝
서 있는
사람마다

희망의 바람이듯
불어오시는 이여!

끝없는
용서, 자비의
햇불로
내 혼을 태우시며

날마다
호수처럼

가슴
설레게 하시는
주님

당신
은혜로
울먹이나이다.

* 2011. 8. 21. 두레누리교회 주보

주님의 말씀

실로암 샘물 같은
그 말씀

뼈 마디마디
아픔과 고통
저려오는
그 말씀

천지 만물
그 말씀으로
어루신
전능하심과
완전함이여!

무한하신 영광
땅끝까지 이르러
내 증인 되라신
그 밀씀.

* 1992. 7. 11.

주님의 사랑

묻지 않으시고
다소곳이
나를 품어 주시는
당신

그 은혜
미처 깨닫지 못한 채

바람처럼
날마다 뻘 밭
헤매고 있다
나는

억장 무너지듯
슬픈 기색
다가오시지만

깨닫지 못하는
답답한
나

여리디 여린
풀잎
물기 머금고 있다.

* 2012. 7. 15. 두레누리교회 주보

주님 있기에

나
당신 사랑을
먹고 삽니다

나
당신의 은혜를
덧입고 삽니다

캄캄한
삶 갇혀
몸부림 치던 때

멀리서
빛 되신 당신
소망 있기에

오늘도, 나
외롭고 쓸쓸하지
않습니다

이 아침
마알간 이슬 머금은
수선화 한송이
활짝 웃고 있습니다.

* 2012. 5. 20. 두레누리교회 주보

주님 저를

먼지에 땟국
구석구석
닦아내고
말끔히 헹군 채
마른 햇볕
바싹 말려
주님 기뻐하시는 일
쓰여질 수 있다면

저를
걸레처럼
사용하여 주소서.

세상
걸레는 없고
명품만 넘쳐

하찮은 저,
주님,
걸레 되라 부르시다.

* 2011. 10. 30. 두레누리교회 주보

집

봉숭아 물든
아침 꽃밭

파초가 꿈을 꾸는
작은 집

함부로
까치가 잠을 깨우는

허름한
뜨락

있어도 없어도
넉넉한

당신이 내려주신
은총의 지역

봉숭아 꽃 물든
아침.

* 1997. 11. 12.

참으로 감사

숨 쉬는 것
그것만으로도
감사하자

발로
딛는 지층

우주를 품게 하신
주님께
감사하자

하늘 잊은 듯
땅만 보고 사는
사람들아

우주보다
더 귀한
하나님 형상

참으로
감사하자.

* 2012. 8. 5. 두레누리교회 주보

참 평안은

사는 일이
지칠 때

주님
부르면

아득하듯
밀려오는
은혜의 파도

슬픔마저
종이배처럼 접혀
멀리 떠내려 가듯

물 위
잠잠히 걸어오시듯

당신은 내게
평안으로
오십니다.

* 2011. 7. 24. 두레누리교회 주보
* 2011. 8. 28. 두레누리교회 주보

창세기

그 여명 날
암담한
은총의 빛이었다

태초
너를 향한
구속의 하나님

은혜로
아득히
깨달은 지혜

아담아
아담아 목메이게
부르는
소리

발가벗은 수치
넌 가리울 수 없고

사람의 날은 슬프게
저물다

* 2006. 첫 시집 [망초꽃 연가]
* 2014. 3. 30. 두레누리교회 주보

채우소서

여린 풀잎
봄 볕에
생기 찾듯

우리 믿음 더
웃자라게 하소서

날마다
겸손
하지 못한
삶

당신께
고백하듯
목련꽃 안으로
안으로 벙글고

허허롭던 가슴
주님 채우소서
채워주소서

* 2012. 4. 1. 두레누리교회 주보

첫눈 오면

첫눈 오면
그리운 이 있다

구유에 태어난
당신 생애

수모와 수치로
십자가
못 박힌 짧은 일생

하얗게 세상이 바뀌듯
주님 오시는 날
기다려진다

강도와
목숨 바꾼 채
손을 씻는 빌라도
슬픈 눈 빛

첫눈 내리면
예수 그리스도
당신이 애타듯 그립다.
그립다.

* 2013. 12. 1. 두레누리교회 주보

측은히 바라보시다

측은히
주님 바라보시는

인생 파도치듯
오늘도
중심은 흔들리고

재촉하듯
위로의 햇살 속

새소리
아련하다

노오란 복수초
눈 위에
당신 핏물처럼 피는
겨울 아침.

* 2012. 2. 19. 두레누리교회 주보

풀잎인가

주님
부를 수 없는 날은
목메이다.

은혜의
강가로 오라
달빛
손짓하지만

자박자박한
냉골에서
아파하는 저녁

발목 잡힌
목어
하늘 우러르며
젖는 눈시울

풀잎 스치듯
깜빡 눈을 뜨다.

* 2011. 6. 5. 두레누리교회 주보

하나님도

고양이가
빤안히
나를 바라보듯

나도
외로워서
당신을 바라보다

사람은
외로워서
가끔씩
하늘 바라보듯

하나님도
외로우신 듯
비인 들녘
바람으로 거니시다.

* 2011. 2. 27. 두레누리교회 주보

하늘나리꽃

무엇으로
그, 은혜
갚을 수 있을까

겸손히
여린 실뿌리
흙속 내리우고

하늘 이슬
머금고
나리꽃
수줍듯 몸짓한다

생명의 주님
내가 빚진 자인 것을

하늘거리듯 가슴
멍울진 채

그리움
머언 노을
목메이다.

* 2013. 7. 28. 두레누리교회 주보

하늘의 복

오직
당신의 신실하고
신령한
하늘의 복
사모하게 하소서.

유혹의 그림자
떨쳐버릴
용기를 주시고

거짓이 많은
세상
진실을 지킬 수 있는
능력과 힘
주십시오.

먹구름 속
눈부신
태양을 바라봅니다.
순간보다
영원 속에서
일하시는 이여.

* 2011. 10. 9. 두레누리교회 주보

하늘지기꽃

크고 부드러운 당신
손 닿는 곳

하늘눈 뜨듯
빗방울 맺히고
잎새마냥 부대끼다

오늘
마음 갈앉고
호젓히
풀잎 스치는 바람

하늘빛
노을

까마득
수평선
기울 듯

주님 손 닿는 곳
언제나 어디나
하늘지기처럼 꽃피다.

* 2013. 7. 14. 두레누리교회 주보

하얀 물보라 치듯

해는
뉘엿합니다
주님

속빈
강정같이
헛헛한
가을

코스모스
몸짓하듯
당신 부끄럽게
마중하러

꽃신 신고
허겁지겁
길 나섭니다

하얀 물보라 치듯
늘, 주님 거기 계시고
가을 음계
낮게 집어주시다

* 2012. 9. 9. 두레누리교회 주보

한 알의 씨앗

오늘
마음에 씨앗
하나 떨어져

파란 잎
무성토록 하늘
가리웠다.

꽃 피우고
열매 맺기에
아직
연약한 뿌리여

당신 은총으로
바람 견디고
당당히 숲을 이루듯

새소리 들리는
숲속에 오면
은사시 나뭇잎들
감사의 탄성이
은빛 손사래치다.

* 2013. 7. 7. 두레누리교회 주보

한해가 저물고

얼룩진
또 한해
저물 듯

뿌우연 유리창
부딪는
소슬한 바람소리

당신 옷자락
스칠 듯
새록, 새록
은혜뿐인 것을

철없는
나이만
더한 채

저, 세월의 끝자락
가뭄 타듯
아쉬움
고이다.

* 2008. 12. 14. 두레누리교회 주보

해바라기 같은

내, 영혼
병들지 않도록
주님

날마다
생명수
실로암 못가로
가까이, 가까이
나가게 하소서

그렇듯
종일
당신의
애틋한 사랑
훨, 훨
해바라기같이
불붙게 하소서.

* 2011. 6. 25. 두레누리교회 주보

호제비꽃 피는

주님,
호제비꽃 피는
들녘
홀연히
걸어 오시고

내 가슴은
갈급히 일렁이다

원수를
사랑하신 그 은총

아득한
하늘 호숫가

물수제비 뜨듯
잔잔한
밀씀

끝없이
끝없이 일렁이다.

* 2013. 3. 17. 두레누리교회 주보

흔적

무딘 마음 쪼아대는
새소리

허공 기어올라
슬라브 지붕
간신히 매달린 나팔꽃

당신은 보이지 않지만
잎새만 흔들리는
마알간 아침

누가
왔다 갔을까

이슬 맺힌
아침 풀밭.

3월 아침

또 하루가
당신의 섭리로 시작되는
아침 뜨락

온통 생명의 활기로
술렁거리는
충만한 아침

눈을 감고
주기도문을 외워보는
아득한 묵상

오늘도
당신의 이름 위에
누를 끼치지 않는
하루가 되게 하소서.

굵은 피리어드를
가슴에
다시 한 번 찍어보는
3월 아침.

*2000. 3. 19.

4월의 밤을

보이지 않는 것을
볼 수 있는

들리지 않는 것을
들을 수 있는

무지의 잠을 깨우소서.

기짓과 기 식으로
덧붙인 삶의
누더기를 벗고

당신의 지혜로
다시 눈 뜨는 날

벌거숭이 알몸둥이로
핏빛 쏟아놓는
사람의 신실
깨우치고 싶다.

눈꺼풀이 무거운
도도한 세상
한낱 허상

혼자 목놓아 통곡하던
베드로의 참회는

4월의 밤을
끝내 지새우게 하는가.

* 2000. 4. 16.

4월은

자, 이제 또
4월
푸른 날이 오고 있다

캄캄히
갇혔던 생명이
은총의 새나래 펴듯

저, 높고 아름다운
하늘 향해
여린 손짓하다

주님
남루를 벗기듯
꽃가루 뿌리는
사랑의 향연
눈부신, 이 아침

친구여
가슴 설레듯
들길을 걷자.

* 2012. 4. 15. 두레누리교회 주보

5월은 1

모란꽃
피는 소망
5월 아침

내게 오라
음성 들리듯
당신께 다가서는 길목

기쁜 위로
어느덧
이슬 내리듯

영혼은, 갈급한 파도
일렁이고

숨죽이듯
방울방울
은혜로
맺히다.

* 2011. 5. 15. 두레누리교회 주보

5월은 2

5월
그 평화
주님 사랑

그리움이듯
뽀얀 아지랑이
피워 올리고 싶다.

진홍빛
영산홍 터질 듯

가슴
솟구치는
예수 그리스도
핏빛, 사랑이여

알량한
내 신앙

노란 꽃바다
훨훨

날고 싶다.

* 2013. 5. 12. 두레누리교회 주보

6월의 시

봄 오면
마른 가지
꽃이 피듯

당신은
슬픈 울음
참으라 하시고

가문 논밭처럼
쩍쩍 갈라지는
가슴

저마다
상처 하나씩
꾸리고 살지만

6월 머언 능선
나리꽃 흔드시듯
마중 오시며

연약한 나
은혜로
일으켜 주시다.

* 2012. 6. 24. 두레누리교회 주보

8월은

8월
뙤약볕에
불순종 태워 주소서

내일로 미루었던
선한 일
땀, 흘리며
시작하게 하소서

저, 푸른 해풍으로
교만의 깃발
찢겨나가게 하시고

투명한 바람에
비린내 나는
덕장 걸린
어족처럼
나,
상큼하듯
씻겨 주소서.

* 2013. 8. 11. 두레누리교회 주보

12월 햇살

수가성 우물곁의
여인처럼
마음 기댈 곳 없어

외롭다는 12월,
무시로 오가는
세월을 탓해 무엇하랴.

삶이란
한낮의 영광이 지면
들꽃보다 못함을 어쩌랴.

비우고 버리는
담담함을 익히라는
겨울나무

내게는 그 분 계심으로
기쁘고 기쁜
12월 햇살

* 2001. 12. 22.

1994 부활절에

피곤하고 무거운 짐
내려 놓을 곳
이 세상 어디에 있을까

갈라진 가슴
어둠의 빗장 열어보일
그 누가 있을까

베드로의 발을 씻기시며
나직히 들려주시던
사랑의 연민

진종일 빈 그물만
던지다 지친
세상 어부들

오늘도 주님 가슴에
내못질을 하며
저마다 자기 발만 씻기라네.

* 1994. 4. 3.

Via dolorose

비틀거리며 지고 가는
갈보리 형틀

살 저미는
흐느낌
엘리, 엘리

왜 날
사랑하시어
그 질고
수모 당하시는가.

처절히 피흘리는
가시나무새.

나도 오늘
거기서
당신과
십자가 매달려야 한다.

* 2006. 첫 시집 [망초꽃 연가]
* 2014. 1. 26. 두레누리교회 주보

두울_ 자연의 서정

가을 1

불온 삐라를
마구 뿌려댄다.
하늘로 날아가는
수다한 새들.

더러 강물에
고개 쳐박고
낙천적으로
떠내려가지만

조심해야 한다.
덫은 어디든 널려 있다.
은빛 비늘
찰랑거리는 오후

우체통처럼 입을 벌린
가을 속으로
모든 발자국 소리가
빨려 들어간다.

* 2004. 1. 8.

가을 2

빈 쭉정이
바람 까불리고 있다

을씨년스럽게
성큼
다가와
덕지덕지
노오랗게 달라붙는 햇살

세월은
삶을 놓아주지 않고

열매 없이
하늘 쓸리는 날

* 2006. 첫 시집 [망초꽃 연가]

가을 꽃밭

어김없이
여름 지난 꽃밭에
가을이 온다.

아침 저녁
지성 들여 물을 주던
꽃나무들이
누렇게 시든다.

냉엄한
시간의 둘레

닳아 빠진
구두 밑창 의식하며
가을 꽃밭에 서면

구름도
예사 구름 같지 않고
바람도
예사 바람 같지 않은
가을 꽃밭.

* 2000. 9. 10.

가을 나무는

세상
흔들리지 않는
나무
되고 싶다

뿌리 깊은 나무처럼
주님께 기쁨이고 싶다

저 하늘
찬란한 노을
저녁 빛같이

우리 삶
그처럼 아름다웠으면
오죽이나 좋을까
애써 흔들리지
않으려 안간힘 쓰듯

내
연약함

주여
불쌍히 여기소서.

* 2014. 9. 7. 두레누리교회 주보

가을 바다

가을 햇살은
서럽더라.

겨울을 향해
날아가는
새여

물 때 놓친
멍한
무인도 저 편

벌거벗은
파도에
가슴 찢기는
새여.

* 2000. 11. 5.

가을에는 2

아득한 길목마다
정겨운 코스모스
먼저 와
작별하자 서둔다.

탱탱히
영글지 못한
쑥스럽게 낙과落果하는
가을

후회하듯
한 줌 햇살
발 아래 흩어지고

망가진 종이컵처럼
시간은
거품과 뒹굴고 있다.

삶은
뒤꽁무니 매달려
흔들리는 바람꽃처럼

아스라이
스쳐가며
몸살을 앓는다.

가을 햇살은 1

눈도장 한번 찍어주지 않고
가을 햇살은 그렇게

수몰지역
갈대밭 쪽으로 몰려간다.

역마살 낀 저녁 바람
시리게 발목 휘감기는

기침 잦은 은행나무 가지에
구름 한 점 걸치고

하늘에 매달린
먹감

노랗게 물들이며
지워지는 일월(日月).

가을 햇살은 2

쓰다만 빈 칸
끝내 메꾸지 못한
사루비아
까만 꽃씨
내려앉는 저녁

가물가물한
비포장 길
흙먼지 하느적이는
새벽

잠든 영혼
깨울 듯
하얗게 웃고 있는
코스모스

들녘 가득
허물어진 햇살
한 방향 날아가는
새떼

잠시
바람 머문
빈 화폭.

* 2006. 첫 시집 [망초꽃 연가]

감사 1

살아있음
감사하듯
안갯속
여린 동백꽃
몸짓하다.

끝없이
부딪쳐
몸부림하는
파도이듯
삶은 자맥질로
설레고

잠잠히
되돌아보듯
어쩌면,
감사할 일뿐이다.

* 2011. 3. 6. 두레누리교회 주보

감사 2

저, 너른
들녘
가득 채우신
풍성하신
사랑

당신 은총으로
살아 있음
감사합니다.

작고, 유약한 것들
함부로

짓밟히지 않는
평화의 그날
속히 오길

절망과
좌절 속
소망주신 감사합니다.

* 2011. 11. 20. 두레누리교회 주보

감사 3

주님!
돌아볼수록
부끄러움뿐

당신
바라볼수록
은혜뿐입니다

말씀이
구름송이 되어
저 하늘가로
다가오면

내 마음
연약한 풀섶에
이슬
맺힙니다

갈급한
삶을
사랑으로 적셔 주시다.

* 2012. 1. 1. 두레누리교회 주보

강아지풀

화려한 꽃
피우지 못해
부끄럽듯

사랑으로
다가오는
너

언뜻 스쳐가듯
허름한
잡초 같지만

땅속에 뿌리
내린
소중한 생명이다

하나님 나라
하찮은 것
없다

수줍듯
바람에 멈칫거리는
강아지풀.

* 2013. 8. 4. 두레누리교회 주보

개망초

푸른 잎새
다 갉아 먹히고
헐렁하게 시든 가지만
지탱한다.

비닐봉지
날려가듯
어디로 쓸려간
시간들

어느새
죄다 새어나간
헛개비

개망초 그림자만
어른거린다.

겨울강

겨울 강가에
노을 앉고
스러지는
성긴 눈발이
서럽듯

시든 남가새풀
저문 바람소리
머뭇거리며 스쳐간다.

휑한 동천冬天
초승달

낡은 목선木船
빈 나루
어렴풋 밀려와
뒤척이고 있다.

하늘과 수평은
끝내 닿지 않고
하얀 갈대만 아우성이다.

구절초꽃

지금, 살며시
네 이름
불러주고 싶다.

목숨처럼
사랑하지
못했음을

오늘에사
뉘우치며

사랑,
슬픈 저녁 강

구절초꽃
하얗게

지천으로
피다.

* 2011. 11. 27. 두레누리교회 주보

꽃밭 1

기 꺾인 한낮
햇살도
제풀에 숨죽은 듯

비우면 보이는
맑은 하늘

하찮은 일
뒤척이는
가을바람

훌쩍 왔다
가는
빈 둘레

짓무른 풀벌레
마른 목청 돋운다.

꽃밭 2

텅빈 야행열차
아슴한 들녘
끝

허기진 백열등
물끄러미 잠든
꽃밭

풀벌레소리 멈춘
노오란 낙엽
어수선히 몰려다니는

그렇게 식은 땅끝
채송화 까만 꽃씨
눈감는

달무리 어설픈
가을 꽃밭.

낙엽 1

내가 사랑하던
사람의
마지막 한숨 같은

내가 사랑하던
사람의
마지막 임종 같은

그 쓸쓸하고
허전한 몸짓들.

낙엽 2

저, 낙엽처럼
나도
외톨이로
떠돌고 있지 않은가

저녁 햇살
할 일 없이
서성이고 있지 않은가

저희들끼리
깔깔거리며
다아
어디로 어지럽게 몰려가고 있다.

* 2006. 첫 시집 [망초꽃 연가]

난蘭

생각하면
그리움 같고

생각하면
미움 같은

끝내
연민으로 다가와

가슴 풀어헤치는
너의 자태.

* 1999. 8. 10.

낮달 1

저어도
저어도
닿지 못할

한 줌 재가 된
그리움

천리향
은은한
하늘

허방다리
건너

아득한
낮달

* 2006. 첫 시집 [망초꽃 연가]

노을

누굴 잡고 물어 보랴

누굴 잡고 물어 보랴

덧 없는

저 세월

강江 건너

외기러기 울음소리

붉은 노을 속….

* 1984. 11. 2.

눈송이

풀리지 않는
아득한
저잣거리

잠시
숨 고르고
머뭇거리면

추풍령
한계령
떠밀려 가는

까아만
눈송이들.

* 2006. 첫 시집 [망초꽃 연가]

담쟁이

별 있는 곳까지
해 있는 곳까지

조금 더
조금만 더

쪽빛 하늘
허방다리 건너

파르르
닿는 허공

* 2006. 첫 시집 [망초꽃 연가]

만경교 지나며

가다 자주 멈추는
고물 자동차

세월 지나면 퇴물이 되는
세상 이치 어쩌랴.

늘 늦은 시간 짚어주는
아나로그 고물시계마저
멈춘 새벽

헉헉거리며 몰려 닿는
1회용 디지털
천지

쥐불 놓고 달아나는
바람 따라 잡을 듯

안개 자욱한 만경상
스치는 새벽 공기

콘크리트 차가운 교각에
머리 부딪고
앓는 소리 내는 계절풍

함부로 넘보지 못한
호남평야 잠깨는 들녘.

매물도

내가 부르기 전
너는, 벌써 와있고
등대처럼
망울진 동백
바다 바라보며

파란 물빛
멀리
정지되듯

파도 묻혀버린
아픈 삶
아른거리듯

가슴에 당신 숨결
아득히
섬으로 가라앉고

하얀 물살 가르며
파도는
칭얼거리다.

* 2009. 11. 8. 두레누리교회 주보

맨드라미 꽃 피면

눈부신 여름날
장닭 벼슬
우아한 모습
하늘 한자락 두르고

차마 울 수 없었던
노래
가슴에 묻은 채
너 그렇게
잠든 날 있었지.

뜻 모르고
보내는 아픔의 언저리
늘 허전한 마음

그리움
까만 씨앗
타들어가 박힌 채

아득한 맨드라미 꽃 피던
유년의 꽃밭.

* 1999. 8. 16.

목련

황홀한
이 봄날에

낱낱이
까발리지 않고

수줍듯
이우는

겸손한
자태

봄바람
들녘 끝에서
봉두난발인 채

슬픈 머리채
쥐어뜯긴다.

* 2006. 첫 시집 [망초꽃 연가]

목련꽃 필 무렵

잔설 남아 있는
아득한 능선

과거를
되짚어 가듯

허허로운 살갗에
동상 같은
상처만 남기며

애끓듯 피다 지는
목련꽃 송이

말 못 할
그대 깊은 사연
듣는 것 같다.

물총새

물총새만
까치발 딛고
고개 빠뜨리고 있다.

하얀 갈대밭
종일
구름만
가다
서다.

* 2006. 첫 시집 [망초꽃 연가]

민둥산 1

시렵게
등 부비는
산바람

상고머리
능선

왁자지껄
취객 멀어지면

저녁새
깃 터는 소리

짧은 해거름
망초꽃
어디나 지천으로
피다.

* 2006. 첫 시집 [망초꽃 연가]

민들레처럼

민들레처럼
노오랗게 꽃피울 수
있을까

바람도 세상도
탓하지 않듯
오직 한가지
소망으로

척박한 곳
어디서나
겸손한 꽃 한송이
피우고 싶다

시렵듯
미움마저도
엎어주듯 쓸어주고

노오란 민들레
너처럼
사랑으로 피고 싶다.

* 2013. 8. 18. 두레누리교회 주보

바람 1

개여울 몰려와
몸을 씻는 바람

비를 앞세워
반란하더니

눈보라와 음모하여
겁주고 시위하던

여인의 등을 떠미는
간교함도 더러 보였지.

심술 떨면
세상 난장판 만들고

오늘은 말없이
광장쪽으로 몰려간다.

* 2003. 10. 22.

방어진

중심에 닿지 못한 채
가으로만 맴도는
방어진 앞바다

벌거벗은 바람
종일 몰려와 잠잠한
화물선을 깨운다.

무엇이라 진종일
수다 떨다 물밑으로
잠기는 하얀 너스레.

캄캄한 끝을 향해
끼득거리며
날개 젓는 흰 갈매기 떼

멍청히 혼 빼기는
수평선 너머
밀리며 떠 있는 방어진.

방어진에 다시 오면

비릿한 햇덩이
저녁 포구

톱니바퀴 속으로
쓸려나가는 시간
곤두박치며
쉰 목소리 끼륵거리는
수평선.

허기진 파도 하얗게
제 살점을 떼어낸다.

구름은 어느 구석
처박히듯 쓸려가
허드레 바람 엄살 부리는데

함부로 몰려오는
바다는 소리만 낸다.

* 2004. 3. 14.

봄 2

혼자 걸어도
외롭지 않은
들길이 있다.

가물가물한
아지랑이 속
어지러운 꽃 사태

취한 듯 그 길로
누군가 기웃거리며
오고 있다.

봉숭아

혼자
묻어두기
서러워

여름내
빈 울안
피고 또 피던
주먹봉숭아

설움을
손톱에 물들이던
누이야
슬픈
울음아.

* 2006. 첫 시집 [망초꽃 연가]

부소산 가면

말이 필요없이
바람만 분다.

말이 필요 없는
지역으로
구름만 흐른다.

부소산 가면
저묻도록

이득하듯
그리움
멈칫거리고

봄날은
꼴깍
능선에 걸리다.

* 2009년 대전문학 봄호

비둘기

구구구
저녁 비둘기
물기 오른
울음소리

뉘엿뉘엿
눈 감는
먼 오디빛
능선

내 오늘
구름 한 점
마중한 것뿐

구구구
저녁 비둘기

참, 무심한
한거閑居

빈 집에

성큼
탱자울타리
비집듯 지나가는
봄바람

어느새
부산한 제비
까마득한
비상

툭, 툭
목련 터지는 마당가
쭈볏한
마늘 대궁

먼 산엔
박가분처럼
벚꽃이 날리고.

* 2006. 첫 시집 [망초꽃 연가]

소곡

부서진 폐선에
말라 붙은 햇살

게거품 흘리다 밀려와
찌든 갯내음

아득한
수평으로

추락하는
사계四季.

* 1984. 12. 30.

소나기 지나가면

빠끔히 하늘 가린
나뭇가지
고개 빠트린 무심한 새떼

건성으로 몰려왔나
수선 떨며
턱 낮은 골목
바람 한 폭 빠져나간다.

감꽃 어지러운 울안
숨 멎은 듯 소나기
콩 볶으며 지나가고

젖은 거미줄 걸려든
고추잠자리
몸부림이 처절하다.

매미소리 끊긴
처마 끝 눈물 맺힌 빗방울
머뭇거리는 낙차落差

때 묻은 빨래처럼
저만치 뭉쳐 던져진
먹장구름

하늘 오르지 못한 미꾸라지
땅바닥에 뒹굴고 있다.

싸리꽃

여름비
젖는 싸리꽃

물에 시간을
새길까

돌 위에 시간을
새길까

부질 없듯
구름마저
서산으로 몰려가고

아득히
부소산에
땅거미지다.

* 2010. 5. 1. 대전문인협회 카페

여름새

메마른 강바닥을
헤집다 날아가는
슬픈 새야.

고디고 힘든
긴 여름날

허기진 하루 해는
뉘엿이 기울고

너 또
젖은 나래 접으며
어디로 가는가.

* 1999. 8. 6.

영춘마을

도라지꽃 시드는
설핏한 노을

물소리
새소리
어둠 갇히면

뜬 세상
부엉 부엉

명아주꽃
바람 쓸리는
산자락
아득하다.

* 2006. 첫 시집 [망초꽃 연가]
* 영춘마을 : 충북 단양에서 제천 쪽 30리 산골마을
* 중부문학에도 발표.

우리들의 도시는

들판도
하늘도 침묵하며
눈발을 맞고 있다.

바람은
예사롭지 않게
지붕을 벗길 듯
아우성이고

낡은 습관을
고치려 드는
슬픈 저녁 나절

먼 종소리 멎은 채
당신의 십자가는
빨간 등불을 켜고 있다.

우리들의 도시는
무기력한 안개 속으로
가라앉고 있다.

우체통

분홍
우체통

우두컨한
길

자목련
흐드러지던

수줍듯
환한 봄날

그리움
꽃씨 되어

네게로
간다.

이 세상엔 내집이 없다 1

나팔꽃 넝쿨
허술한 지붕

하얀 박꽃
달빛 젖어 우는 밤

담담한 먼 산
마음 비우라고

빈 손짓하는
쓰다만 서정시.

지난 밤

후드득,
감꽃
다아 쏟아지듯

홍역처럼
밤새
사랑을
앓고 나면

여린 꽃순
파르르
숨가쁘다.

탄피처럼 퍼붓다
멈추는
장대비

무지개 찻다
꿈을 깨듯

노오란
감꽃
지천으로
쓸리는
아침.

* 2006. 첫 시집 [망초꽃 연가]

참새들

진종일 무얼
그렇게 지절대는가.

텅 빈 마당가
감나무 가지
아침부터 찾아와
잠 깨우며
요란을 떠는 새떼

무엇을 주고받는가
짐작할 수 없어
갑갑하다
답답하다.

하루 종일 즐비하게
늘어놓는 저
너스레

마음 비우고
귀만 추슬러
짐작으로도 행복하다.

첫눈 1

한세상 뚝심 좋게 살자커니

한 세상 그렁그렁 살자커니

오늘에사 몸살처럼

시름시름 첫눈이 내리네.

첫눈 2

첫눈 오면
헛기침
목 간지럽겠다.

캄캄한 세월
아득히 떠밀리며
곡마단 떠나간
허전한 공터

어쩌랴
한낮
떠도는 부침浮沈

첫눈 내리면
메마른 강아지풀
살 비비적이는
뒤숭숭한 설일雪日

첫 서리

모진 세파 견디다
첫 서리에 까라지는
망초꽃 대궁

잠잠한
아니면 무심한
시린 바람결
뼈끝 저려오는
거울 문딕

목 터지게
누군가
불러보고 싶은
절박한 들녘

후드득 겨울새
허공을 향해
빈 둥지만
남겨 놓은 채
어디론가
향방 없이 날아가 버린
아침.

* 1992. 12. 18.

춘일春日

풋보리 파르르
키를 낮춘다.

찬란한 쪽빛
들녘

당신은
한 획으로 수평을 긋고

부신 햇살
오롯이 애살지게
웃어쌌는 봄날

은빛 피라미 숨차게
샛강 뛰어오르면

금세 녹아질
아시랑이 스물내는

가물가물한
고향이 보인다.

* 2004. 1. 29.

침묵

가을
홍시로 매어달린
마알간 공간

아득히 잊혀진
상처 간질이는
황홀한 재발

가을은
뼈 시리게
부재로 나부끼는

빈 까치집
기웃거리는
쓸쓸한 침묵

코스모스 1

내 손이 닿으면
꺼질 듯한 위치에서

너는 그렇게
하늘거리기만 하기냐

잃어버린
머언 전설 같은 꽃
코스모스여

모양도 생김도
나를 쓸쓸하게 하는

용래 삼촌 닮은 꽃
코스모스여.

* 1983. 10. 14.

코스모스 2

그리워
산 모퉁이 길
돌아서면

수채화처럼
황홀한
가을

밍밍한
시야에서
허우적이는 너

소녀의
지문 같은
꽃.

* 2006. 10. 3.
* 기독문예 기고작품

풋보리

풋보리 파르르
키를 낮춘다

참람한 쪽빛
들녘

부신 햇살
오롯이 애살지는
봄날

은빛 피라미 숨차게
샛강 뛰어 오르고

아지랑이 스물대는
고향이 보인다.

* 2006. 첫시집 [망초꽃 연가]

풍어제

거꾸로 매달려
신음하는
까마득한 바다

해종일 찢기는
파열음

하늘 휘젓는 만장
출렁이는 허공

허기진 공복으로
낮게 날아가는

어둑하게
눈 내리는 어촌

하루방

흔하고 흔하디 흔한
사람,

지천으로
널린
돌멩이처럼

차이고 받치고
휘둘린 채

어디서
멀리
떠메고 와

우두커니
비맞고 서 있는
하루방.

* 2006. 첫 시집 [망초꽃 연가]

하산

새처럼
깃 터는
저녁

까마귀
바람 스치는 산길
훌훌
혼자
시두는

아득한
산행

* 2006. 첫 시집 [망초꽃 연가]

하현下弦

피멍진 두견
밤새
울다 간 자리

미열에 시달리며
제비꽃 피는
새벽강

토담벽
달팽이 빈 껍질
기어오르다

젖은 바위 귀대고
우두커니
이우는 하현

함구령

조근조근
밤새
토방엔
눈이 쌓이고

아득하듯
잃어버린
머뜩한 시간

삭풍이
황량하게
쓸려가고

낮은 지붕
숨 멎듯
무장해제된 채
눈이 쌓였다

밤새껏 휘둘리던
나뭇가지
끝끝내
함구령이다.

* 2006. 첫 시집 [망초꽃 연가]

해바라기 1

반, 고호
처절한 채색

허수아비 키만큼
허전한
들녘

잉잉거리는
빈 들판

해바라기꽃
불타는
그 일생

* 2006. 첫 시집 [망초꽃 연가]

해바라기 2

금계랍보다
더 쓴 여름
키만 재촉한다.

노오란 꽃 둘레
후드득 소나기
빈 손 벌리고 맞는다.

여름날
해바라기 빈 둘레
태양 이글거리듯

밀밭 날아가는
까마귀떼
화폭에 갇혀 있는
반 고호의 체온.

해변

저만치 밀려 앉은
무인도

속 죄다 긁아 먹힌
성게 껍질

틈 없이 밀려와
숨 가쁘게 쏟아놓는
하얀 넋스레

지워진 발자국 찾는
부산한 물새

존재와 부재
사정없이 눈부신 햇살만
뿌려댄다.

향수

오늘도 저만치
손 흔드는 사람들
어릿거리는
고향 하늘가

밀려오다
밀려오다
멈추는

구름만 보이는
지평

삶이 버거운
저녁 새떼들

날아가다
날아가다
정지한 노을.

8월 밤은

베고니아 화분 곁
초롱꽃이 외롭다.

밤새껏
풀벌레 울음소리
만 갈래 상념 스치면

무엇인가
소중한 것
잊은 듯

곱씹고 되물어봐도
저만치 달아나버리는
세월

밤잠 설치는 열대야
쓸쓸한 울안.

* 1999. 8. 18.

11월

땅거미 내려 앉은
마른 풀섶

숨 죽인 채
비인 손 벌리고
올려다 본
넉넉한 하늘

저마다
되돌아 가야 할
시간이
아득한데

함부로
마음 급한
저녁 새떼들
먼 길 떠날 채비
서두는

수런스런
저녁 샛강.

* 2000. 11. 6.

셋째_ 내 마음의 울림

가오리 연

지루한 기다림 끝
너를 만나면

나래도 없이
하늘을 날고 싶었다.

너는
아느냐

빈 하늘
네가 곤두박질치듯

하늘 끝에 매어달린
사랑의 슬픔을.

* 1995. 1. 20.

가을 비

슬라브 지붕 위에
고이고

추녀 밑에
고이고

내 잠자리에도
고이고

밤새 젖은 채
꿈을 꾸며
자다 깨다
등이 젖는 가을 비.

* 2000. 11. 14.

가을 편지

세월 짚어 가면
슬픈 우리 젊은 날.

세월 되짚어 가면
기쁜 우리 젊은 날.

마른 살갗 부비며
정겨운 날들

이름들, 얼굴들이
이처럼 어른대는데

어설픈 햇살 쌓여
나이 든 지금

마른 은행잎이
꽂혀있는
낡은 일기장 책갈피
슬픈 추억.

* 1995. 10. 14.

가을 하늘에

언제나
미숙한 신앙
곰삭힐 날
있을까

연민하듯
휘도는
벼랑 끝에
서있다.

할 수 있다면
후회 없는 시간
살고 싶다.

가을 하늘
잎새
바람 스치우듯
소슬한 나무.

* 2011. 10. 16. 두레누리교회 주보

강남 웨딩홀

여기 와 보니
지는 해
뜨는 해
선명하구나

낡은 필름 일그러지는
섭하고 벅찬
먼, 기억

살아온 날보다
떠날 채비 분주한
가을햇살 떠밀리면

문득
아, 나도
지는 해인 것을.

* 2006. 첫 시집 [망초꽃 연가]

겨울 나무

구름 오가는
먼 산

밑동 시린
겨울나무

짧은 해거름
하산할 시간

동행들
멀리 밀려가고

멍하게 나만
길이 없다.

겨울밤

차가운 창틀에 대면
밀려오는
겨울바다

친구야
내 이러다간
시詩다운 글
한 편 못 쓰고
저승 가지 싶네.

하늘엔 촘촘한 별들
가슴엔
깨어진 사금파리 박혀
아려오는데

친구야
밤바다 건너
갈대나
한 아름 꺾어다 주랴.

* 1995. 12. 8.

겨울 숲

오래도록
서 있으면
나도
나무가 될 수 있을까

저렇게, 태연히
잎을 접으며
더 깊어지는 뿌리로
든든히
서 있고 싶다

겨울 숲에
오면 시詩보다
깊은
침묵이 있다.

* 2006. 첫 시집 [망초꽃 연가]

겨울에는

성숙지 못한
내 신앙 환히 보인다

눈부신 햇살 속
나뭇잎
현란한 손사래
사이 사이 파란
저, 하늘 구름 수채화

누군들
영원한 꿈
없으랴,

그러나
그 꿈 누구나 다
이룰 수 있을까

가을엔
소슬한 바람만
내 발목
잡는다.

* 2014. 두레누리교회 주보

구름

탓한들
돌이킬 수 없는
세월

저만치 누군가
손짓인 듯
눈인사인 듯

한 점 구름도
벗인 양

무심결에 바라보던
하늘도
일상의 하늘이 아니다.

구름은 늘상
또 다른 모습으로
하늘을 떠도는데

너는
어떤 모습으로
이승을 떠도는가.

* 1999. 7. 24.

군산에서

해가 지는데
겨울해가 지는데

너는 눈구냐
오십 나이 헛먹은
멍청한 속물아

세상 왜 사는지
자꾸만
갈대숲 비탈길

물구나무를 서면
세상 헛것이 보이네.

내가 내 속에 없고
네가 네 속에 없고
엉거주춤
세상 헛것만 보이네.

* 1995. 11. 23.

귀뚜라미 1

노래를 하고 싶다.
단조롭고
낭낭한 목소리로
깊은 가을밤
도시 같은 것
문명 같은 것
다 잊고
허술한 섬돌에나 앉아
서걱이는
억새 풀잎 스치는
소리 들으며
일체의 수식어를
벗어버리고
단조롭고
낭낭한 네 목소리로
묵은 체증이나
내리고 싶다.

* 1984. 4. 21.

귀뚜라미 2

바람은 한 바탕
알 수 없는 푸념으로
나뭇잎을 흔들어놓고

내 의식의 단층이
귀를 세우는
새벽 1시

골똘히 귓가 두드리는
섬돌 밑
귀뚜라미

바보야, 이 바보야
얕잡아 놀리는
뚝!
숨어 버린 여운.

* 2001. 8. 23.

귀휴歸休

바다가 안 보여도
나는 좋다.

하늘이 안 보여도
끈끈한
삶의 귀휴.

목련꽃 멍울진
을씨년스런 창 너머

3월의 귀휴
모든 피리어드를
쏟아놓고

나는 네 진실眞實을
읽고 싶다.

그대 눈길 닿으면

그대 눈길 닿으면
이내 녹아내리는
하얀 눈송이 같은
사랑아

오늘도
머언 발치 스치는
속절없는 그리움

끝내
네 앞에
얄량한 진실의 가지만
남긴 채

잎새를 떨군
겨울나무로
저만치 너는 서 있다.

* 2000. 12. 22.

기억

사루비아
까만 꽃씨
타듯

마음 아픈
참, 가슴 아픈 일

님이시여
당신만
알고 계세요.

*2006. 첫 시집 [망초꽃 연가]

나는

언젠가 울안 가득
영산홍을 심고

허술한 울타리엔
수세미
박넝쿨을 올리고

나는 밤새워
사랑의 시詩를 쓰리라.

하얀 달무리
스쳐 지나는 그믐밤

당신의 뒷모습
정겹던 미소

인생이
외롭지만은 않았냐고
한 줄 시詩를 쓰리라.

* 1989.

나비

허물 벗은
나비

금잔화
작약
눈부신
날갯짓

봄날
까마득한
너의
변신.

* 2006. 첫 시집 [망초꽃 연가]

나이

옹이로
박히는
세월

황망히
갇힌 채
가도
오도
못하고

조롱 속
새가 되어

새치
수북이
솔잎 쌓이는
나이.

* 2006. 첫 시집 [망초꽃 연가]

남들은 뭐라 해도

생각하면 쉰 나이
꼴볼견이다만

아직도 무명으로
달구어내는
시혼詩魂이 있으므로

나약한 나팔꽃 넝쿨
허공을 기어오르듯
보랏빛 삶인 것을

남들은 뭐라해도
아직은 쉰 나이
생각해 보면

없는 것보다야
가진 것 많은
쉰 나이.

* 1999. 7. 25.

남이면 가중리 육강정 부근

쥐어짜 보기도 하고
뒤틀려 보기도 하며

나이 쉰 살
세상 볼 거 안 볼 거
듬성듬성 헤집어 보았지.

결국
목숨 부지한 거
참 감사할 일이다.

무기력한 우울증에 시달리며
참 자유하고픈
욕심도 내려놓고
낮은 하늘 훨훨

논바닥을 헤집다 비상하는
백로의 몸짓이 신통히여
물끄러미 한참 바라보았지.

이 부근 항공 연습
프로펠러 소리에도
잠잠히 졸음 오는 오후.

* 1996. 6. 10.

낮꿈을 깨면

한 여름날
매미 울음소리에
풀리는
낮잠

두고두고
후회할 일

자꾸만
헛것만 보일 듯

살아온 만큼
두렵고 칙칙한
낮꿈을
깨면

자꾸만 저만치
헛개비만 보이네.

매미 울음소리에
낮꿈을 깨면.

* 1999. 7. 24.

낮달 2

당신을 파도라
부르고 싶으리.

당신을 별이라
부르고 싶으리.

당신을 바람이라
부르고 싶으리.

오늘 홀연히
스쳐 지나는
마른 하늘가

넋이 나간
세상구경
낮달로 떠

외딴 섬을 향해
끝없이
떠밀려 가고 있다.

* 2001. 8. 22.

너에게

애착 가는 것들
하나
하나
마침표 찍으며

빗소리
유난히 들떠내리는
저녁

오늘 비록 못 다한
한恨으로 잠드는
사랑이지만

내일이면
먼 들녘
상큼한 코스모스 꽃

그 여린 몸짓으로
너는
피다 지리.

너는 나에게
아픔을 주었지만
나는 너에게
슬픔만 주었으리.

영영 지워지지 않는
코스모스
아득한 길섶.

눈 내리는 날

친구여
육신과 영혼이
갈등하듯

친구여
천국과 지옥이
가물가물하듯

눈 덮힌
겨울녘

시린
외투깃을
올리면

눈꽃으로 맺히는
허한 실존.

* 2000. 4. 18.

늦꽃으로

잠시
사라지듯

햇살 반짝
드는
양지 쪽

그대
한 송이
꽃이었으면

그렇듯
향기였으면

소릇한
가을 길목에
늦꽃이

하염없듯
오릇하게
손 흔들다.

* 2012. 10. 7. 두레누리교회 주보

리베라의 하늘

멍청히
객창의
흐린 하늘
바라보면

물정없이
살아온
더듬한 인생

왠지
아무일도
할 수 없다는
참담한 마음뿐
갑갑한 마음뿐

* 1996. 3. 7.

마지막 날처럼

오늘
마지막 날처럼

방금
유서를 써놓고

햇빛 출렁이는
눈부신
들녘에 나서다

용서 못할 것도
사랑하지 못할 것
없음을

비운 후에야
깨닫듯

매일
유서를 쓰듯
마지막 날을
살고 싶다.

마천동, 김승수 친구는

뱅뱅 돌다
곤두박치는
먼 소식,
이름 석 자

갓잡은 오징어회
목울대 넘길 때마다

소주 잔 넘실거리는
시린 겨울바다

올망졸망
철거민 촌
마천동이
어른거린다.

만경강을 지나며

쥐불 놓고 달아나는
바람 따라 잡을 듯

콘크리트 교각 머리 부딪고
신음 소리 내는 새벽바람

함부로 넘보지 못한
묵묵한 호남평야

뿌연 햇살 저 편
까마귀 어지러운 아침 군무.

맘모니즘

돈이 뭐길래
친구도 원수가 된다.

돈이 뭐길래
한지붕 피붙이도 배신한다.

돈이 뭐길래
울고 웃고
죽고 죽이는
비극

돈이 뭐길래
돈 때문에
패가망신하는
한심한 맘모니즘이여.

* 1998. 5. 12.

망초꽃 1

소슬한 그림자
허전한 공터

가을 햇살
꽂히면

산산이 깨어진
사금파리도
눈부셨으리.

애시당초
인연 없는 그리움

보름날 토담벽
하얀 박꽃

너울너울 망초꽃
시든 지녁.

* 2001. 8. 21.

망초꽃 2

푸른 잎새
갉아 먹히고
헐렁이 지탱한다

비닐봉지
날려가듯

어디로
쓸려간
시간

어느새
죄다
떠나버린
헛개비

망초꽃
그림자
어릿거린다.

*2006. 첫 시집 [망초꽃 연가]

망초꽃으로 피어

사랑하는 것과
이별하고
애틋한 것
다 뒤에 두고

시간이 끝나는
장소에
망초꽃으로 피어

인생은 한 낱
꿈이라고
가볍게
가볍게 일러나 두리.

* 1983. 8. 14.

모래시계

지금
내가 할 수 있는 일은
경춘선 막차 타고
정동진 바닷가로
떠나는 일이다.

그리고 이른
새벽이슬
바짓가랑이 적시며
힘 있는 한 발 한 발
내딛어 보는 일이다.

지금
내가 할 수 있는 일은
무기력한
모래시계를
유심히 바라보며
한 발 한 발
아픈 걸음마를
다시 배우는 일이다.

*1999. 8. 25.

무제無題 1

웃어라 웃어라
똥이 가득 담긴
창자가 튀어나오도록
웃어라
물질이여,
서구 문명이여,
금이 간 시멘트 바닥에
주저 앉아 절망하는
문화여,
아인쉬타인 당신은
내일 오라.
오늘은 두보나 이백을
만나
박주나 들며
시름이나 나눌란다.

* 1984. 5. 4.

무제無題 2

살아 있는 것
살아 있다는 것
목숨은 얼마나
아름다운 것이랴.

까마득한 지평
곤곤히 뒤척이며
내리는 저녁눈

오늘도 허허로이
일렁이는
먼 바다

귀 막고
눈 감고

오, 너는
애틋한 목숨 붙안고
왜 이리
서러운 것이랴.

* 1989.5.25.

민둥산 2

한 묶음
물음표 쏟아놓는
민둥산 뻐꾸리 울음소리

가물가물 돌아보면
이승이 아득하다.

니글거리던
세상 잡담 잊으라고
민둥산
산철쭉도 흐드러진다.

만남은 이별이듯
친구야
소중한 만남을 위해
우리는 모두
민둥산으로 간다.

바람 든 무우

나이
겉으로 먹고

쓸쓸한
동짓달

세월은
왜, 이리
서두는지

밑둥에
바람만 스치다.

* 2006. 첫 시집 [망초꽃 연가]

바람 앞에서

내 곁을
우루르 떠나듯
들뜨고
허전한 기척

가을 바람은
언제 들어도
왜 저렇듯
쓸쓸할까.

나이 들어갈수록
바람 앞에 서있는
나는
가을 나뭇잎 같다.

주님, 몇 계절이
바뀌어야
나는 철이 듭니까?

* 2001. 11. 25.

바람은 1

말이 되지 않는
시詩와 씨름하는
하루는 길더라.

멍하게 올려보면
창가에 닿는
하늘 한자락

어린 나팔꽃
긴 하루
꽃잎을 접는데

장난스런 바람
열린 창 틈 사이
얼굴을 드민다.

시도 되지 않는
밀씨름
그만하라고

책상 위 산만한
A4 종잇장
흩으러 놓고
가버리는 바람.

* 2001. 8. 23.

바람은 2

설핏한
들녘

바람만
에돌아
부대끼고

자작나무 숲
시끌한
저녁 새떼

넌
나목처럼

쭈뼛한
가지를 치고.

* 2006 문학사랑 가을호.

박광수 친구를 묻으며

한 묶음
물음표 쏟아 놓고
어지러운 일생
뒤로 밀쳐두고
어린 것을 앞세운
저 사람.

저승 연꽃
눈 부셔도
이승 돌아보며
청승맞은 요령소리에
귀를 막을까.

한 묶음
물음표 쏟아 놓고
민둥산 뻐꾸기처럼
세속 잡담에
자꾸만 취기가 도네.

* 1996. 6. 30.

반포에 가면

마음에 해일 일고
바람 부는 날

쥐불에 등 끄을은
반포쯤 가면

퇴색한 양식 창고
개가죽나무 쭈뼛한
까마득한 둑길

문득문득 잘려 나간
빛바랜 동심

허수아비처럼
서 있는 너.

* 2003. 8.

밤

아무것도
소유하지 않아도
외롭지 않은
시간을 만나고 싶다.

금이 간
석등石燈에
불을 댕기고
정중한 언어로
너를 깨우고 싶다.

심상心傷한
깃발이 되어 펄럭이는
목숨의 무게

지순至純한 몸짓으로
일렁이는
먼 바다.

밤 파도

빈 그물
건져 올리는
서글픈
세상 저녁

가슴 설레는
갈릴리 바닷가
주님, 거닐던 해변

너는
그리운 마음
끄을은 채

잿빛 바다에
빈 그물만
여전히 던지고 있다.

오른쪽!
가리키시는
당신 음성 들리듯

잠잠한
밤 파도가
귓가를 스치다.

* 2007. 2. 18. 두레누리교회 주보

변신

허물을 벗고
나비가 되고 싶다.

금잔화
작약꽃
건너 다니며

봄날
눈부신 날개짓
그 황홀한
변신

속내 보이지 않는
꽃소식
궁금한 온종일

파지만 쌓이는
방안 통수

까마득한
변신.

* 2001. 1.

별리別離

아득한 손 끝에
나폴대는 그리움

끝내 보내야 하는
허전한 순간

어느새
땅거미 내려앉는
쓸쓸한 저녁답

멀리
두 눈 지긋이 감는
서글픈 별리.

병病

그 사람 등단했어?

시집 날라 왔는데
읽어보지도 않았어

요즘 쓰는 시
그렇고 그래서
난 몰라.

그 사람 얼굴 알아?

쓰디 쓴 시라서
신춘문예 문밖에서 소박맞고

포장마차에 앉아
공연히 변명만 날렸지.

시詩 안 쓸 거야.

부재不在

네가 찾는 너는
거기 없었다.

애초에
존재하지 않은 너

끊임없이
갈대숲 몰아치는
눈발

안쓰럽게
너를 찾아 떠나는
허허로운
바람소리

겨울 나뭇가지에
감기는
하늘 한 뼘.

* 1997. 11. 15.

비 1

종일 비가 온다.

불쾌한 일
잊어질까.

기다림
무모한 기억.

또 한숨
깊은 인생

객창엔
종일 비가 내린다.

* 1998..5..11.

비 2

젊은 날을
변명하듯
지줄거린다.

숨죽이며
눈치보며
낮은 지붕 위로

소리없이
걸어오는
가을비….

* 2006. 첫 시집 [망초꽃 연가]

비가悲歌

인생은
한순간 꿈결이라 하지만
악몽에 시달리다
접신 들린 몸짓으로
새털구름처럼
황망히
떠돌다 어디에 닿을 건가.

풀꽃에 이슬 방울 미르듯
주섬주섬 한 평생
짧은 한 풀이
취한 듯
취한 듯 떠가는 낮달이여

척박한 산하
아라리 아라리요 부르며

인생은
한낱 물안개로 풀어헤치는
안개성에 갇힌
미네르바의 새 울음인가.

* 1989.5.30.

비무장지대

온종일 갈대밭 헤치며
크레모아 설치하고
밤이면 피곤한 검둥이와
참호에 앉아
쓴 커피로 졸음을 쫓았지.

36개월 지루하던 군 생활
밤이면 밤마다
한숨소리 무너지는
산 노루 울음 들이는
비무장지대

신새벽 갈가마귀
요란히 울던
남방 한계선
북녘 들판
사람만이 오갈 수 없는
슬픈 지역

난, 병사가 되어
아득한 시선으로
슬픈 코스모스처럼
서 있기만 했어.

*1999. 8. 15.

비탈에 선 나무

그대 있어야 할
그 빈 자리
아침 저녁 오르내리는
비탈길
나무들 견고한 뿌리를 내려
비탈에 또아리를 틀고
까치는
날아갈 곳 위험한 가지 사이
둥지를 짓고
아침 저녁
삶을 성토하지만
주연 없이 늘 조연으로 끝나는
저녁 화면 가득
그 빈 자리
허탈한 바람이 분다.

* 2001. 10. 27.

빈 마당

뭐 대단한 것
해내겠다
아예 그런 생각 접으면
다가와 흔들리는 오동나무가지

중심 잡히지 않는
휘오리 몰려왔다 가는
빈 마당

누가 부를까 뒤돌아 보면
아무도 보이질 않는
오십세 나이

나, 이대로 무엇이 되리
캄캄히 잠기는 여름 하늘
비듣는 소리뿐.

* 2006. 첫 시집 [망초꽃 연가]

사철나무

친구야
남루한 입성이라도
웃으며
벗어주었는가

겉보기
멀쩡하지만
상처 하나씩
끌어안은 채

사철나무 울타리
겨울눈 쌓이듯

때깔만 좋은
친구야

우린
겨울바람이
되지 말자.

삼동三冬

반 식량
알량한
김칫독
깨던
시린 바람
그 서럽던
삼동三冬
겨울 저녁
깡소주
가슴 무겁던
동치미국
아직도
목에 도는
캄캄하던
시국담
잊혀지지 않는
삼동三冬

상想

너는 누구냐
나는 누구냐

그림자 뿐인
허깨비

도리깨로 후려쳐도
귀가 먼

그림자 뿐인
내 영혼.

상여喪輿

어지런 만장輓章이
산자락 휘감고

상두꾼 요령소리
바람에 쓸리운다.

앞산 부딪는
메마른 뻐꾸기 소리

산도화 자지러지는
아득한 산곡山谷.

새

이름 부를 수 없네.
유채꽃
노오랗게 취해 나자빠지는
사월

넌,
가시나무새처럼
느릅나무
날아와 울고

깜짝
황톳물 넘치듯

꾸역 꾸역
아릿한
가슴
떠메고 가네.

새가 되었으면

이제
거추장스러운
육신의 욕망
훌, 훌, 벗어버린 채

당신 주시는
참 자유

그 자유함으로

푸른 하늘
날개 젓는
한 마리
새가 되었으면.

* 2009. 1. 11. 두레누리교회 주보

새벽 2시

아득한 수평선
침몰하는
국적불명의 선박처럼

마지막 약봉지를 털어넣고
물을 마시는
새벽 2시

전신은 쑤시고
아파오는데
신열은 가시지 않고

새벽 2시
아직도 가슴을 움켜쥐고
숨이 멈추는 듯

S.O.S
조타실은
멀고 먼 새벽 2시.

* 1995.

생일

언제, 촛불처럼
자기를 태워
세상 밝혀준 일 없이

열심히
밥그릇 세며 비운
생일 날

어둔 방을
환하게 밝혀주는
촛불처럼

내 삶이
세상 밝혀줄 한 자루,
날마다 불타는
촛대였으면 싶다.

* 2005. 6.2 5.

소망 2

저 어둠의, 바다가
환하게
빛으로
빛으로, 꽈악 채워질 수
있다면

어디서 무엇이 된들
우리가 어떠랴

현실의 바다는
늘 갑갑하고
답답하지만

한 송이 아름다운
꽃을 가꾸듯
그 정성으로
삶을 가꿀 수 있다면

거친 파도가
너를 할퀴고 가지만

진정 얼마다
소망으로 충만하겠는가.

내일도 햇살은

여전히 머리 위에
눈부시리라.

* 2007. 2. 25. 두레누리교회 주보

언더라인

산다는 것이 무엇인가
붉은 언더라인을
그어 놓고
여전히 마음 고생이다.

때로는 마음 비우고
바라보는 낮은 하늘

산다는 것이 무엇인가
여전히 중심이 흔들리는
중년의 나이

가까운 발치에 와
소스라치는 마른 낙엽들

산다는 것이 참 무엇인가
여전히 몸살 앓으며
붉은 언더라인을
긋는다.

* 1998. 7. 24.

언제부턴가

어릴 때는
하나님은 하늘에만
계신 줄 알았다.

그래서 속상한 일 당하면
하늘 향해
울음을 터뜨렸다.

나이 들면서
하나님이 내 마음속에
계심을 알고

허구많은 사람들
가시로 나를 찌를 때
아픔보다 기쁨으로 감사하며

주님, 저들은
자기가 하는 일을 모릅니다.
용서해 주십시오.

언제부턴가
철이 든 기도를
하게 하시는 주님.

* 2001. 7. 14.

여백

쓰러진 시간을
주워담는
지금은 밤이다.

아내는 경대 앞에서
화장을 지우고
머얼리 비오는 어둠 머얼리
밤차 떠나는 소리

피곤한 그 누구의
여백.

* 1984. 4. 14.

여운 1

봄 햇살이 액자 안으로
걸어 들어간다.

흔들리며
간신히 지탱하는 하루

초침과 분침이
잘게 썰려
휑한 하수구 내려가는

낡은 신발 끌리는 소리
육신의 사람아
육신의 사람아

그분 음성 들리는
낮은 하늘,
멀리 비둘기는 구구 날고.

여운 2

부질없는
하얀 원고지 빈 칸에
난 갇히고

지전 몇 잎 찌든 생활에
아내도 갇히고

껌벅거리는 컴퓨터 화면에
어린 것들이 갇히고

평생 잉잉거리며
가래 끓던
이웃 노인 독백

요즈음 문득문득
그 쉰 사투리가
무거운 잠을 깨운다.

여행자

때늦은 나이
어찌 살아야 삶이
보람 있을까

한 많은 세상
야박한 인심
푸념만 늘고
넋두리만 길더라.

이곳 저곳 떠도는
기약 없는
여행자

바람은
무상한 몸짓으로
갈 길을 재촉하는데

오늘은
피곤한 영혼을
어느 나무 아래에서 쉴까

세월은 유수처럼 흐르고
얼굴에는
실금이 깊어지는데

길가 이름 모를 꽃들은
잘 가라고
잘 가라고
무시로 손을 흔든다.

* 1998. 7. 13.

연가戀歌 2

우리의 삶도
저녁이 오고 있다

물푸레나무 잎처럼
부유浮游하며 보채던
갈등의
여울을 흘러

아득히 멀어지는
희미한 그림자
머뭇거리고 있다

어디쯤
언제인지
시간 알 수 없고
물안개 흐르는
강기슭 망초꽃
손 흔들고 있다

사랑하는 사람아
이별의 순간
다가오지만

따뜻한 체온으로
다시
만나질 것을 약속하자

희끗히 스쳐간
애잔한 흔적

삶이 슬펐다
말하지 말자.

* 2006. 첫 시집 [망초꽃 연가]

연민

연민의 정이듯
바람 속
수선화
노랗게 피고

숯가마 불
이글거리듯
너, 다시 빚을 수
있다면

숱한
좌절
벚꽃이 하얗게
흩날리는 봄길

저, 까마득
절벽 끝
발돋움하듯
부옇게
물안개 거니는
아침.

* 2011. 3. 20. 두레누리교회 주보

예배 후

깨어 있으려
애를 쓰면 쓸수록
육신과 영혼 사이에서
영원한 승리와
영원한 패배 사이에서
지옥과 천국 사이에서
아, 나는
아우성치는 피에로인가.

깨어 있으려고
깨어 있으려고
아수라장 같은
난장판
게거품을 흘리며
갈지자로 흔들리는
아, 나는
어딘가 머리 부딪고
쓰러지고 싶은
반달곰인가.

* 1989. 5. 22.

오늘도 2

시처럼
무력한 저녁 안개
풀어져 내리면

후드득 소나기
훑고 지나가는
가파른
길

슬픈 엽서
띄우며
잠드는 밤

마음 가난한 사람
복 있으리
축복 있으리.

* 2006. 첫 시집 [망초꽃 연가]

운명

그냥 거기 서서
눈 비
바람
마냥 맞으랴

그냥 그대로
밤, 낮
마냥 버티랴

그냥 거기 누운 채
어는 얼굴
마냥 할퀴는 대로
맡겨 버리랴

어차피
피하지 못할
칼바람인 걸
운명인 것을.

유년

조무래기들이
휘젓고 간
텅 빈
골목길

무너져 내린
굴뚝 틈 사이로
허기진 저녁 연기
피어오르던
유년

허전한
꼬리연이 되어
삶의 연민
땅거미처럼
잠겨오는
이 목마름.

* 1993. 1. 5.

유년의 일기

어릴 적 툇마루에 누워
별을 헤아리던
유난히도 맑던
여름 밤

무심코 식물도감을 넘기며
외우던 이름들
지금은 기억 속에
희미한 풀꽃의 이름들

빛바랜 사진첩 속에
아슴히
잊혀지는 얼굴들
그 이름들.

지금쯤
모두 어디에서
어떤 모습으로
어른이 되어 있을까

그 시절
소중히 주워 모으던
강변의 작은 조약돌만큼
인생은 아름답더라.
참, 소중하더라.

* 1998. 7. 11.

유등천

은빛 비행운
먼 하늘가

날아보는 시늉을 해 보지만
나我는 언제나
빈 날개짓
마냥 그 자리

흰 두루미
개울바닥 헤집다
갑갑한 아파트 숲쪽으로
날아가 버리는 저녁

어릴 적 바다 같은
유등천
지금은 이처럼 왜소하다.

물끄러미 노을에 잠기며
젖은 나래 털 듯
빈 소리로
흐르는 유등천.

유홍초

소슬한 꽃밭
유홍초
한 송이

누가 이 곳에
꽃씨 한 알
심었을까

바람 하늘거리는
연약한
모습

한 송이 꽃처럼
내 삶도

누군가
기쁨 되었으면

작은 한 송이
유홍초,
사랑으로 피다

* 2014. 7. 6. 두레누리교회 주보

의미意味

온갖 경험의
찌꺼기 위에

존재의 부질없는
몸부림 위에

숫자 위에
이름 위에

그 누구의
가슴 위에 찍히는

무수한
피리어드.

* 1984. 12. 23.

일기 2

흙 먼지 폴폴 내며
화물트럭이 지나간다.

나직이 뜬 구름이
가을걷이 빈 고추밭에
그림자를 드리운다.

염소 같은 눈으로
빤히 바라보던
어린 것들아.

기침 잦은 가을
빈 공사장을
맴도는 고추잠자리 떼

어쩌면
무기력한 아빠의
일생一生

* 1984. 5. 12.

자네는

자넨 요즘
뒤통수를 긁는
버릇이 생겼어.
말꼬리가
흐리멍덩해지는
할미새
웃음소리로
웃네그려.
할미새야,
하늬바람을 벗삼아
우는 멋이라도 있지만
사계의 슬픈 뜰을
방황하는
자네의 꼴 사나운
겨울 나그네
서글픈 엘레지
그 엘레지.

* 1984. 12. 30.

작은 행복

힘겨운 하루 일을 마치고
붉은 노을 빛
서쪽을 바라보면
마음은 날아갈 듯 기쁘다.

이런 작은 행복이 있으므로
삶은 또
얼마나 아름다운가.

불만보다
감사하는
겸허한 마음

가족과 둘러앉는
저녁 식탁은
천국이 어디 따로 있으랴

스쳐 지나가는
섭섭한 일인들
오죽이나 많을 것인가.

허나, 밝은 얼굴로 누워
또 내일로 향하는
벼개 가에는

물방울 다이아몬드보다
더 값진 꿈이 영글었다.

* 1998. 7. 12.

자화상

토후젓처럼
곰삭지 못한 채

바람만
탓하고 있다
나는

모든 나무가
잎을 접고
묵묵한데

세월만
탓하고 있다
나는

소리 없이
돌아 흐르는
강도 되지 못한 채
덜컹거리며

낡은 기계처럼
불협화음만 내고 있다
나는.

* 2006. 첫 시집 [망초꽃 연가]

저녁

마른 갈대
하얗게
뭉그러져

뻘밭을
캄캄히
헤매다
코빠져 돌아오는
저녁

넌, 누구냐?
자꾸만 되묻는
회오리바람.

* 2006. 첫 시집 [망초꽃 연가]

저녁 강

머뭇거리는
산 나리꽃

능선 빗겨간
까마득한
고향길

실금 긋고
달아나는 세월

낮달처럼 멀건히
혼 나간 나이

어설픈 햇살
갈앉는
시린 저녁 강

죽음

아득한 지평地坪
까마득히 지워지는
너의 부재不在

우주의 끝에 매달려
영원한 시침時針으로
흔들리는 신神의 섭리

시작도 끝도
끝도 시작도
정지된 한 순간

캄캄하게 잊혀지는
너의 뒷모습.

* 1989. 5. 25.

지는 것은

지는 거
아름답다

계절
바뀌는 조화를
바라보면

지는 꽃도
아름답다

뒤돌아보며
사라지듯

짧은
이생의 시간

저, 벌판
혹독하고
고독한 시간
겨울로 함몰하는
햇살
나, 허물 벗는 밤.

* 2013. 11. 17. 두레누리교회 주보

초록시를 쓰는

— 임강빈 선생님

연꽃
피우듯

청초한
영혼 깨우며

해맑은
초록시를 쓰는

당신은
이 시대
영원한 묵객

외로운
시의
순례자.

* 2006. 첫 시집 [망초꽃 연가]

추억

사랑하는 사람아
사랑하던 사람아

늘 너는
먼 발치에서
침묵인 양 매정하냐
오늘도 아카이사 꽃 향내 묻은
손수건을 흔들던
유년의 그 꽃길을 걷는다.

인생이
지나고 나면
한낱 꿈길인 듯 꿈길인 듯
늘 첫사랑 열병으로
봄마다 부대낀다.

* 1998. 3. 9.

친구야

친구야
너를 위해
마음을 비워두마

흰 망초꽃대
부연 먼지 길
가다, 가다 지쳐
주저앉던
노을진 저녁길

왠지 붉게 물든
서녘 하늘 바라보면
눈물이 맺히곤 했지.

친구야 아직도
잊혀지지 않는 이야기
가슴에 맺혀 있느냐

오늘도 너를 위해
마음 한구석 비워두마
친구야.

* 1998. 6. 11.

친구 재만을 생각하며

네 이놈
우라지게 욕심도 많은 놈
그래 묵주 속에
생이 보이더냐
염불 속에
허무가 보이더냐.

색채가 보이느냐
소리가 들리느냐
만져도
근처도 못 가는 것이
숙명이며
인생인가

유한하지도
무한하지도 않은
더듬
더듬
헛것만 더듬다 가는 것이
중생 아니더냐.

네 이놈
눈 오는 날
첫 눈이나 흠뻑 맞고
몸 조심해라. 이놈아.

* 1991. 12. 8.

편지 1

친구야
존재는 무엇이고
의미는 무엇이냐!

진종일 가을 들판
우두커니 서 있는
헛개비 아니냐!

긴 장마
황톳물에 떠내려가는
젖은 나뭇잎 아니냐!

바람에 등 떠밀려
어디론가 날려가는

민들레
민들레 꽃 같은
허기진 저녁

친구야
공연히 노을에
가슴만 탄다.

* 2001. 8. 22.

하늘나리

아침에
큰 마음 품고
대문 나서지만

파김치 되어
소인으로
돌아오는 저녁

바람 스치는
하늘나리이듯
더러는 속으로
울기도 하였어라.

가끔씩
몸부림치기를 하듯

가녀린
하늘나리꽃.

* 2011. 11. 6. 두레누리교회 주보

한 잔 커피라도

격이 없는 사람이 그립다.
그런 사람 마주하며
구수한 커피 한 잔
마시고 싶다.

왜, 뻔한
그 길, 소용돌이 속을
허우적이며 가는지
되짚어 보고 싶다.

산다는 것
문득 곤함이 올 때
격 없는 너와 마주하며
먼 보랏빛
그리움 지우고 싶다.

* 2001. 7. 15.

한 줄 시詩도

손으로 쓰는
시는
간지럽고

머리로 쓰는
시는
건조하고

영혼으로 쓰는
시는
무거워
무거워

어쩌면 나는
한 줄의 시도
못 쓸 것 같다.

* 2000. 12. 3.

허수아비

내겐
확 트인 들녘이 없다.

내겐
확 트인 바다가 없다.

내겐
확 트인 하늘이 없다.

내 마음은
때로는 바람

내 마음은
때로는 구름

몇 번이고 무너져 돌아오는
꿈을 꾸는 허수아비.

* 1982. 1. 25.

화장터

서둘러 혼자
꿈을 접는 날

휑한 여름 햇살
갈앉는
화장터

낮술
구봉산 끝자락
맴도는
취기

침몰하듯 숨차는
하루

누가 자꾸만
허한
옆구리 잡는

내 그림자 밟히는
화장터 부근.

* 2006. 첫 시집 [망초꽃 연가]

12월

지워도
흔적만 남는
수치를 어쩌랴

닦아도
흔적만 남는
허물을 어쩌랴

살아온 만큼
잿빛 일상으로
침몰하는
빈 둘레

먼지 낀
빈 화병에
겨울 국화를 꽂으며

12월은
그렇게 눈발 속에
흩날리고 있다.

* 1999. 12. 1.

네엣_ 사랑하는 가족

겨울 비

어머니
젖무덤 그립던
겨울

동천에 뜬
낮달이 서러워
먼 들녘
내리던 눈발

차가운 뺨
부비며
잊혀졌던
시간의 윤회

때 없는
겨울 비
마른 나뭇가지를
적시고 있다.

* 2000. 12. 28.

고향

천수답
가로질러

하얀
메밀꽃 피면

보릿고개
부황 난
어머니
어머니도 오시리

깔 베다
폭격맞고
죽은 형아도
오고

풋보리
디 지리지 못힌 채
산지사방
흩어진

그리운
사람들.

꽃길

패랭이꽃
무더기 피인

양지바른
어디쯤

아지랑이
어지러운
봄길

네가
살아서
걸어오듯

희영이
마알갛게 웃는

하늘나라
보인다.

* 2006. 첫 시집 [망초꽃 연가]

꽃물

포르스름
얼음 녹은
샛강

삭정이마다
아릿한
잎새 돋고

콩콩거리듯
가슴 뛰는 날

사랑하는 사람아
우리도
슬픈 눈꺼풀 벗고

철부지처럼
꽃물 들자.

* 2006. 첫 시집 [망초꽃 연가]

너를 꽃이라 부르마

너를
꽃이라
이름 지어 주마

아니
꽃보다 더
아름답고
고결한 삶

목숨보다
세상
소중한 것
무엇이랴

너, 영원히
사랑이란 꽃으로
이 땅
피어 있으리

지지않을
아름다운 꽃.

* 고, 박지영께 삼가드립니다.
* 2014. 5. 18. 두레누리교회 주보

눈길

하얀 눈 덮힌
고향길

캄캄하게
살다간 아버지
기침소리 들리는

허허벌판

입어도 입어도
추웠던 세월

먹어도 먹어도
시장한
아스라한 아픔
빗겨가는

하얀 눈실
저녁 그림자.

* 1984. 12.

다시 깨어나리

누구에게
사랑받는다는 것은
얼마나
기쁜 일이냐

누군가를
사랑한다는 것은
얼마나
가슴 벅찬 일이냐

사랑은
어둠을
빛으로 밝히나니

우리들
미움의 허물
벗는 날
눈부신 햇살처럼
싱그러운
아침 영혼으로
다시 깨어나리.

* 2000.12.22.

달맞이꽃은

돌아봐도, 둘러봐도
끝내
망초꽃 엉겅퀴숲
슬픈 저녁

너는
기다려 주지 않고
저만치
앞서만 가는데

어제의 상처는
아직 아물지 않고

노오란 달맞이꽃
손을 흔드는
쓸쓸한 저녁.

당디길

당디길 49호
나팔꽃을 바라보는
상큼한 아침

아침마다 물을 주어도
목이 타는
빨간 베고니아 꽃

퇴색한 시멘트 담벼락
기어오르던 넝쿨장미 한 송이

늘 무거운 구름
깔리는 당디길

울안엔
고장난 선풍기
지루한 여름 한낮

소나기라도 한 줄기
내려주면 오죽이랴만

마른 먼지만 폴폴
바람에 몰려다니는
당디길 골목 풍경.

들가에

시류에 흔들려
갈대마냥
손 내젓듯

저녁들
휘돌아 온
허허로운 바람이다.
나는

긴 겨울
마른 기침소리
잠들지 못하는
나는
팔팔한 영혼이다.

* 2009. 2. 8. 두레누리교회 주보

들국화

잡초 무성한
들녘

하느적이며
고개 흔드는
너

적요한
가을

목말라
목말라
이슬 머금고

뜬금없이
꽃망울
벙글어

그리움
뜬눈 밝히는
들국화.

* 2006. 첫 시집 [망초꽃 연가]

또 하나의 의미

참 부질없구나.
한 여인을
사랑한다는 일

바람이 닿는 곳에
너는 없고

허전한 구름 한 조각
봄 뒷등에
흐트러지나니

땅끝까지 드리운
어둔 몫은

사계四季의 형벌로
떠돌며

참 부질없는
또 하나의 의미
부대끼며 너를 흔든다.

* 1992.2.27.

박하사탕

노오란 금계랍
목 타고 신열 날 때
꼴깍 삼키던 그 쓴 맛

양철지붕 달구던
뙤약볕
솜이불 들쳐 쓰고
학질 앓던 어린 날

익모초 한 사발
코 막고 마시면
화한 박하사탕
쏘옥 밀어 넣어 주시던
투박한 손

화하게
세상 받쳐 주시던
박히시탕 맛
아, 어머니,
어머니!

부부

포도주는
오래 익을수록 향기롭다.

사랑하는 사람 사이도
이와 같은 것

서로가 서로에게
소중한 의미가 된다는 것은

각박하고 고된 인생에
얼마나 의지가 되랴

오늘도 피곤한
잠자리에 누우면

초췌한 당신 손을
꼬옥 쥐어 주고 싶다.

오늘도 작은 가슴 펴고
영혼 속에 깃든 사람아.

* 1994. 11. 10.

사나, 사라야

사나야
사라야
우리 쌍둥이
훌쩍 다녀간 후

먼 산마루
그리움으로
그리움으로 돌아오는
저녁바람

하얀 배추 속살
포기 찬
아릿한 사랑

아빠는
복사뼈 시리게
허전한 마음
눈금을 긋는다.

실루엣으로
나폴대는 귀염둥이
두 얼굴아.

* 1985. 3. 3.

사라, 작은 거인

사라야!
무엇을 그리니?
구겨진 아빠의 모습?

숲 너머 파란 하늘
구름 송이
묻혀 보낸
아쉬운 표정表情

귀여운
작은 거인아

아빠의 그림자는
속이 비어 있다.
훤하게 들여다보이는
빈 방이다.

꿈틀거리는 너의 순수
그 아름다움으로
가득히 채워다오.

성묘省墓

참 낯 뜨겁더라.
10여 년만에 물어물어
간신히 찾아간 아버님 묘

허물어지고 문드러진 채
무無 연고
묘비라 쓰여 있더라.

인간이
인간이랄 것도 없이
낯 뜨겁고 부끄럽더라.

눈이 시퍼렇게
살아 있는 자신이 있는데
무無 연고 묘라니.

아버님 죄송합니다.
불효함을
용서해 주세요.

자주 들러
좋아하시던
술도 한 잔 올리겠습니다.

* 1997. 11. 12.

성묘 가는 길

닳아빠진 구두코를
문지르는 저녁 햇살

죽은 사람 안부는
아무도 궁금해 하지 않는다.

조팝나무 제멋대로
산비알에 뿌리 내리고

토악질하듯 날아오르는
까투리 한 마리
휑한 하늘

끝내 주워 담지 못한
연민처럼
손사래 치는 달맞이꽃

넌 어디에서
무엇하다 이제 오느냐.

아내 1

나는
내 아내가
전도사라는 것이
참 자랑스럽다.

비록 힘없고
가진 것 없어도
어깨를 바로 펴고
주님만 바라며 살아가는
그 모습이 아름답다.

현실 사람들에게서는
풍기지 않는
아내의 독특한 향기
그 믿음의 잣대는
흐트러진 나를
가누게 한다.

어려운 살림살이
힘겹고 신물 나지만
불평 없이
감사하다며
작은 것이라도 나누려는
애틋함을 누가 알랴.

때로는
안타깝고 안쓰럽지만
예수 향기 나는
내 아내가 참 아름답다.

아내 2

나팔꽃 가꾸는
지순한 아내의 정성으로
하늘을 본다.

혼자 울며
믿음 지키는
흔들리지 않는 모습

나는
오랜만에
맑은 햇살을 쪼인다.

나는
중심이
흔들리고
갑갑한 바다에서
허우적대지만

나를 위해
기도하는 아내
그 따스한 사랑

비로소 깨닫는
하늘

먼지 낀
안경알 닦으며
활짝 피울
나팔꽃 아침
환하게 웃는 사람아.

* 2006. 첫 시집 [망초꽃 연가]
* 2014. 10. 12. 두레누리교회 주보

아궁이

후드득 솔가지
마른 불티
끄을은 아궁이
씨감자 묻어놓고
깜빡 잠든 유년

떠밀리고
주눅 들며 손때 묻은
내 어머니의
어머니가
애틋이 만지시던
무쇠 가마솥

섭하고
우울한 옛 이야기
끄을은 흙냄새
빈 아궁이.

아내, 당신이 있기에

망망한
삶의 바닷가

단 한 사람
사랑할 수 있다는 것

이 얼마나
벅찬 일이냐.

세상 이치
조금씩 눈을 뜨면서

더러는
굴절되어 가면서

한기를 느끼는
반백의 나이

그래도
당신이 있기에

황량한 일월日月이
꽃으로 보인다.

* 1995. 12. 4.

아내여 1

연약한 맥박을
짚어보면
나약하디 나약한
생명이지만

그 분의 은택으로
온갖
만물을 경험하며

한 세상 과분한데
또 덤으로
주신 큰 소망

하늘나라 있으니
아내여
더는 슬퍼 말고

오늘은
깊이 잠 좀 드시게.

* 2000. 2. 27.

아내여 2

아내는 나더러
곰살맞지 않단다.

아내는 나더러
아기자기하지 않단다.

아내는 나더러
감정 없는 사람 같단다.

힘들고 풍파 거센 세상
가려주는
듬직한 남편을

아내여,
함부로 논하지 말라.

* 2000. 8. 12.

아내와 꽃집을 지나며

작은 화분 한 개 사들고
보물인 양 기뻐하는
아내가
참 행복해 보인다.

꽃처럼 웃는 모습이
꼭 철부지 아이 같다.

아내와 걸어온
아늑한 삶
희끗희끗 어느새 머리 위
서리가 내리고

빠알간 베고니아
화분 가득
햇살이 넘친다.

아내와 나팔꽃

나팔꽃을 가꾸는
아내의 정성으로
지극한 하늘을 본다.

혼자 울며
믿음을 지키는
흔들리지 않는 모습

나에게 그늘이 되어
참 오랜만에
맑은 하늘을 보게 한다.

나는 중심이 흔들리고
늘 답답하고 갑갑한
현실의 바다를 허우적대지만

아내는 나를 위해 기도한다.
그 정성으로
비로소 깨닫는 개인 하늘.

맑은 안경알을 닦으며
내일 아침
활짝 피울 나팔꽃 속에
웃고 있을 아내여!

* 1996. 7. 8.

아내의 찬양이

아내여
럼부린은 덥다는데
이곳은
눈보라치는 겨울,

찢기고 상한
내 영혼은
그대
찬양으로 깨우소서

늘 마음만
그대 곁으로 달려갈 뿐
육신은 비참하게
세상으로 삭아내리고
녹슨 문가에
서성이는 저녁

바벨론 강가
노예로 팔려가던
이스라엘의
참담한 눈물과 통곡 들리는데

럼부린 무더운 땅
사랑하는 아내여!

당신의 통곡하는 찬양이
이곳까지 들립니다.

* 2000. 12. 28.

아내의 아픔

끈끈한 눈빛으로
맺어온 우정이
한 순간 등 뒤에
칼날을 들이대는

그런 사람은
무섭다.

세상이야
그럴 수 있다지만

믿음으로
맺어온 사랑이

한 순간
회한의 눈물일 줄이야.

주님,
괴로워 뒤척이며
잠 못 이루던
밤이 있었습니다.

* 1999. 7. 24.
* 아내의 아픔을 같이하는 남편이.

아들아

아들아
껍데기만 남는
아버지가 되지 마라

너는
속이 텅 빈 거품로
떠내려 가지 마라.

안동댁

종일
땡볕
비켜 앉으며

목숨
우에
이리 질기니껴,

때문은
지전 침발라 센다
파르르 떨리는
손끝

먼지 앉은 햇살
숨가삐
쓸어 담는

재래시장
안동댁.

* 2006. 첫 시집 [망초꽃 연가]

애기 무덤

산수 좋고
볕 잘 드는
거기 어디

할미꽃 패랭이꽃
무더기로 핀
거기 어디

봉분 없는
애기 무덤 보인다.

봄 아지랑이
어지럽게,
어지럽게 피어오르는
둑길을 따라가면

거기 어디
희영이가 잠든
꽃길이 보인다.

* 1995. 3. 6.

양수리

빈 목선으로
떠내려 간다.
밋밋한 삶의 껍데기
벗기며
마른 나뭇잎
우수수 신음하며 나뒹군다.

지는 해는 짧고
성한 사람 하나 없이
아파하는 시간
공연히 상기되었다.
창백해지는 들꽃

팍팍한 강바닥
팅팅 부풀은 고사목
세월 버거워
남한강
나 몰라라 떠내려 간다.

* 2004. 1. 3.

어느 겨울에

* 고 김영태 형제를 생각하며*

창밖엔
겨울 짓눈깨비
내리고 있었지.

굳은 입술 다문 채
응급실에 누워 있는
그 모습

짧았던 이승의 슬픈 기억을
꼼꼼히 챙겨
한숨 섞어 보냄세.

믿음으로 사랑하며 살자던
그 약속 어이 되었나.

덩그렇게 가슴에
구멍을 내는 섧한 사람아.

고되던 이승의 저녁나절
진실로 위로가 되지 못했던
우리를 용서하게나.

어디선가 고개 내밀 듯
어쩌면 엉뚱하다 못해
행복한 사람아.

* 1998. 3. 9.

어머니 1

새털구름 한 점
봄하늘
유유히 떠가면

잠시 내 마음에
잔잔한 바람이 일 뿐
파도가 일 뿐

박명한 내 어머니
생각나는
먼 구름 한 점

낮게 갈앉는
들길이 보인다.

어머니 2

푸성귀 얼버무리듯
그렇게 사셨지

피맺힌 가슴앓이
토하지 못하신 채

열병에 미열이
오르락내리락

그래도 꼭꼭 견디며
혀 깨물며

그렇게 한 평생
지긋이 살다간
우리 어머니.

어머니 3

어머니!
쉰 나이에 불러보는
그리운 이름

새벽 빗소리
잠이 깨어
헛것을 본 듯

문 밖엔 풀벌레
수런거릴 뿐

난 영영
잠이 오지 않을 듯.

* 1999. 8. 27.

어머니 4

철없는
새처럼

하나씩
품을
떠나고

식은 둥지
혼자 지키는
어머니

오늘도
때는 거르지
않았느냐?

어머니
머언
쓸쓸한 목소리.

* 2006. 첫 시집 [망초꽃 연가]

영안실에서

— 규송이를 보내고 그 영전에

규송아,
규송아!

이 못난 사람아!
그래
애비 에미가 오열하는
이승의 통곡이 들리느냐?

먼저 떠나,
세상 제일 불효한 사람아,
무엇이 그리 바빠
서둘러 저승길을 가느냐.

넉넉하고
듬직한 그늘이던 자식
이제 먼 길 떠나
다시 볼 수 없다니.

어디서나
언제나
다가오는 저 두려움

다시 눈을 떠
너를 만나려는 소망,
누구로 너를 대신하랴.

규송아
규송아!

* 1998. 3. 9.

용래 삼촌 1

탁배기로
기운
눈물

때묻은
운동화

수염이 까슬한
하현下弦

아득한
능선稜線을 바라보는
고양이만 외로우랴.

빈 어항에
잠기는
오디빛
하늘.

* 1982. 1. 10.

용래 삼촌 2

후드득
여름 소나기
오동잎 스쳐가면

오류동
용래 삼촌
생각난다.

맺히고 맺힌
한恨인들
오죽하였을까?

쓸쓸한 오류동
후드득
여름 소나기
오동잎 스치면

돌아가신
용래삼촌
생각난다.

* 1999. 7. 25.

용래 삼촌 3

대흥동에서
오류동
까마득 비포장길
울면서
따라나서던 기억

칠흑 같은
밤

쓸쓸한 오동나무
멍울진 목울음
들린다

쓰디쓴 커피 안주
막걸리 한 사발
갑갑한 세상 어우르던
용래삼촌

남루하지만 당당한
결 고운 영혼의
눈물

그 슬픔 조금씩
나도
터득하며 산다.

* 2006. 첫 시집 [망초꽃 연가]

편지 2

말만 듣던
보릿고개

그, 어머니
나이
내가 와있다

오늘도
부대끼듯
바람 부는 날

중심 흔들리고
안간힘 쓰듯

나
지탱하는 거
그, 어머니
허기진 보릿고개
사랑의 힘이다.

* 2012. 4. 29. 두레누리교회 주보

다섯_ 꿈꾸는 세상

가을 산

지는 것이
어디, 낙엽뿐인가

협협해 우는 거
어디, 바람뿐인가

먼 산하
굽어 도는
구름

모두
뒤엉켜
수몰지역으로 달아나는
바람소리

* 2006. 첫 시집 [망초꽃 연가]

간이역

어쩔거나
마지막 기차는
떠나버리고
덩그런 간이역
향나무
그림자처럼
서 있는 사람

새마을호
무궁화호
그냥 지나치는

내 고향
간이역

* 2001. 10. 28.

감꽃 떨어지는 울안

세상 꼬여서
튕겨 나가고 싶어
안달일까.

갑갑해서
아니면
무너지고 싶은가

나는 너를
믿지 못해

너는 나를
믿지 못해

나도 나를
믿지 못하는
슬픈 세태

노오란 감꽃
지천으로 떨어지는
우울한 울안.

* 2000. 8. 12.

강 노을 1

자성하듯
뉘엿뉘엿

물국수처럼
팅팅
부풀은 얼굴

쓸 만한
호피석 하나
거머쥐지 못한 채

모래밭
종일 헤메다
돌아오는
바람처럼

빈 손 내미는
강 노을.

강 노을 2

해야
지는가

수수꽃대
종일
시장한
해야

공복으로
뻘밭
달려와

깜부기
묻은 입술

스러지는
노을.

* 2006. 첫 시집 [망초꽃 연가]

겨울 도시

몸통이 잘리운 채
도열해 있는 나목들

흑백 사진에 찍힌
빌딩 숲 저녁 풍경

깜박거리는 경광등이
사방을 에워싼다.

갈수록 좁아지는 저녁길
몸둥아리만
눈치 없이 살만 찌운 채

정육이 걸려 있는
푸줏간 앞을 지나면
오싹한 등을 추켜세우고

자주 뒤를 돌아보는
우울증에 걸렸다.

싸락눈에 살풋 덮인
아스팔트길도 지워지고

표정 없이 날아가 버리는
겨울새 한 마리.

* 2001. 8. 15.

공사장 부근

가설극장
비오는 필름 속에

담긴 비애 같은
그런 것만 보일 뿐

질척거리는 공사판
전표로 바꾸어 마신
막걸리의 취기

자꾸만 한쪽으로
한쪽으로만
기우는 지평

젖은 성냥을 연신 긋다가
팽개치는
휘청거리는 파장

내일은 또
바보같이 웃으리라.

* 1984. 5. 8.

공터

발끝에 채이던
돌 하나

무심히 밟히는
잡풀들

강아지풀 끝에 앉았다
날아가는 고추잠자리

여름 햇살은
깨어진 유리조각들
눈부시다.

빈 종이컵
버려진
휴지 조각들

바람에 굴러가며
날아가며

아우성치는
여름 공터.

* 2001. 7. 29.

광장

한때의 비둘기들
부우연 하늘로
날아가는
아침

겨울로 가는
쓸쓸한 길목

너에게 아직
더 남은 것이 있을까

스치는 바람조차
슬픈 저 모퉁이

발목 시리운
세월만
무거운 추에 매달려
흔들리고 있나.

* 2000. 11. 7.

그날의 함성

우렁찬 함성
침묵으로 돌아오는
텅빈 운동장

비가 뿌린다.
낙엽 몇 장 날아드는
빈 스탠드

늦가을 하늘이
젖어 내리고
계절은
엄하게 경계를 긋는다.

그날의 흥분과 감격
저마다 가슴에
갈앉힌 채
바람만 무시로
출구를 빠져나가고

쟁쟁한 귓가
그 붉은 함성의 물결
용암처럼 치솟던 자존심
지워지지 않는다.

* 2002 월드컵을 지난 후 경기장을 찾아서.

그대들은 아는가

세상은 넓고 할 일 많다던
대기업 회장님은
해외로 도망가고

회사를 내 집 같이 지키던
노동자 쫓겨나 밥줄 끊기고
그나마 서럽게 농성하던
근로자
두들겨 맞고 통곡하는 땅

시련은 있어도
실패는 없다던 왕회장님
경기도 어디쯤
세 평 땅 속에 누웠는데

보리밥 춘궁기 없앴다고
영웅호칭 받던 대통령
그가 만들어 놓은
고속도로 달리며

아직도 분단의 고통을
이벤트 행사같이 치루는
정치를 보며

뽀오얀 아지랑이 서글픈
고속도로 변
그 암담한 길을
나는 멍하게 달리고 있다.

그대는

내가 어둠일 때
그대 빛이 되거라.

내가 절망일 때
그대 소망의 닻 올려
저 푸른 바다를
힘껏 헤쳐가라.

내가 노을일 때
그대 동녘
찬란한 아침이거라.

내가 침묵일 때
그대
진리로 요동치거라.

그 얼굴들

그대들 숨가쁘게
허우적이며
더 깊은
늪을 향해 걷는
세상 이야기

왠지
물정 어두운
흉인 양
부끄럽게 핀
일년초
야생화
화분 곁에 서면

세상
물 말아먹고
어, 어, 하며
뒷짐 진
헛기침소리
그 뻔뻔스런
얼굴들이 보인다.

* 2001. 7. 16.

금강하구 1

금강하구
마음 갈앉고 개꿈도 깨인다.
양철 지붕 내려치는
여름 소나기

아우성치는 들녘
들꽃도 한나절
시들며 웃는다.

낯선 그림자
비웅도 간척지
살벌히 휘돌며
젖은 개펄 말리는
7월 땡볕

정다운 손 문득문득
흔들어보이는 군산 앞바다
뭉게뭉게 흩어져
노을 타는 서편 구름

철새 날아간 갈대숲
빈 둥지 떠내려가는
아득한 하구.

금강 하구 2

금강 하구에 오면
마음 갈앉고
개꿈도 깨인다

양철지붕 내려치는
여름 소나기
아우성치는 들녘
들꽃들 한나절
시들며 웃는다

낯선 그림자
흔들리며 덧칠하는
비웅도 간척지

펄럭이며 휘돌아오는
7월 땡볕
젖은 갯벌

더러는 묵묵히
정다운 손
흔드는 군산 앞바다

뭉게뭉게 흩어졌다
다시 만나
노을 타는
서편 구름

철새 날아간
먼 갈대숲

빈둥지
떠내려가는
금강하구.

* 2006. 첫 시집 [망초꽃 연가]

근교近郊

개골개골 저무는
개구리 울음소리

먼 유년의 유치가
아늑한 향수 묻은
여운

가뭄에 우는
개구리 울음소리

슬프고 소외된 사람들
가슴앓이 같은 합창

늦은 저녁 상 물리고
듣는 개구리 울음소리

온갖 시름 헛된 것들
잊으리는
청청한 덕담 같은.

* 1989. 5. 21.

기침소리

짜투리 천수답
자운영 어지럽다

뻐꾸기 울음
등 갈라진
논배미

객지 간
아들
기별 끊긴 채

농협 빚 독촉
시름 쌓이는 하루

잡풀만 무성한
애물단지
천수답

영영 일어나지 못한
아버지
기침소리.

남는 것은

문명이란 이름으로
할아버지 밀려나고

지성이란 이름으로
아버지 밀려나고

능률이란 이름으로
나 밀려나고

떠밀리고 떠밀리듯
책방에서
시집도 밀려나고.

노인정에서

어린것들
헤집다 간 모래 속
깜박 묻힌
녹슨 머리핀 같은
시간들

빈 그네
흔들리며
눈송이만 얹힌다.

하얀 입김
내뿜다 주저앉는
저녁 안개

탱자울 드리운
낯익은 노인정
낮은 지붕 위로

엉킨 눈발은
점점 굵어지고

삼동 바람소리
격한 날의 기억들
늙은 시인의
기침소리 지워진다.

대문

언제부턴가
조금씩 망가진다 싶더니

녹슬고 무딘
철대문 아예 고장난
잠금장치

아무나 여닫고
드나드는 허술한 마당
귀퉁이

노을은 치자꽃
유난히 밝은 모습
좁은 마당이 환하다.

한결같이
화락 달려드는 순진한 몸짓
겨울이 너무 길다.

대화

간판 학위만
존경하는 세상이
싫더라.

물질이나 명예 앞에
깜빡 가는
속물들이 싫더라.

뼈아픈 고통 질곡을
깎는 삶
그 위에 우뚝 선
선한 인간성
나는 그들 앞에
고개를 숙이리.

새장 속 갇힌
앵무새들
털갈이를 자주하는
세상

어릴 적 달삭한
솜사탕 같은
그 세상
그 하늘
내리던 하얀 눈발이
그리워지더라.

돌

천년을 헤아려
스스럼없이
아무 곳에나
머리 부딪는 돌이여

까마득한 날에
안으로만
안으로만
앓다가 토해낸
태고太古 적 고통

이제는
스스럼없이 또
천년을
침묵해야 할 돌이여.

* 1983. 8. 4.

돌아오지 않는 다리

돌아오지 않는 시간

돌아오지 않는 그리움

강 하나 사이에 두고

발을 동동 구르는

철쭉꽃

엉겅퀴꽃.

동아일보 창간 65주년에

동아東亞일보여
어둔 산하에 우뚝선
자유여
민주의 깃발이여

훨훨 비상하라.
5천만의 가슴마다
활활 타는 활화산이거라

한 맺힌
이 민족
이 나라

동아東亞여
꽁꽁 언 빙토를 녹이고
캄캄한 시대를 밝히거라.

동아東亞여
네가 있는 한
정의는 외롭지 않으리니.

길이 아니면 가지 말고
진실이 아니면
서슬 같은 채찍 주저하지 않는
기상을 보여라.

아, 65년의 인고와 통한을
역사는 보고 있다.
세계는 보고 있다.

이제는 그 우람한
웅비의 뜻을 펼치거라.
민족혼을 담은 동아東亞일보여!

* 1985. 4. 1.

동짓달 1

인생 오리무중
안개비 뿌리고

이정표 지워진
땅끝

물구나무 서는
느티나무

가물가물
지등 흔들리고

언뜻 언뜻
인연 끊기듯

연 꼬리처럼
나불대는 동짓달.

동짓달 2

아스라니
땅거미
저녁

낯익은
사립문
지등紙燈 걸린다

연꼬리
나붙대며

누가
훌훌
세상 밖으로
산책하는가

전신주
매달린
저녁 바람

시려운 등
엉켜붙는다.

* 2006. 첫 시집 [망초꽃 연가]

메아리

뻐꾸기 울음소리
등 갈라진 천수답

개망초 무성한
짜투리 논배미

빗독촉 시름만 쌓이다
앞산 부딪고 돌아오는
빈 메아리

숨가쁜 아라리
가슴만 탄다.

* 2003. 8.

묘지

얼 빠진 사람이
오고 있다.

얼 빠진 사람이
가고 있다.

얼빠진 사람이
잠들어 있다.

새남터 부근

노량진
새남터 지날 때

가을 비
안개 속

울음소리 들렸다.

누가 이 시대
남아서

진실로
진실로

저렇게 울어줄까.

서더리탕

앓는 소리 내는 나무 계단
올라가 썰렁하게 앉으면

살점 다 날려버린
가시와 대가리만
멀건한 서더리탕 끓여주더라.

폐타이어 낡은 그물 갈앉은
방파제 남리 횟집 2층

늙은 아낙 공연한 농짓거리
받아주는 척

해산 수산청 크레인
썩은 바다 밑 건져 올리는데

멋 모른 채 제피가루 흠씬 뿌린
서더리탕 목줄 넘을 때
가슴 매캐해 숨막히더라.

눈흘기듯 알전구 희미한 대낮
낡은 항만 사무소 건물
힘없이 갈앉는 11월 햇살

* 서더리탕 : 가시와 머리만 넣고 끓여주는 매운탕을 남도 방언으로 붙인 듯.

설일雪日

목 간지러운
첫눈

아득히 떠밀린
곡마단

삶이
서글픈 부침浮沈임을
어쩌랴

쓸쓸한 바람 주저앉던
낡은 천막

끝내 오지 않을
허전한 언저리.

섬

아득한
섬이 되어 떠돈다.

불도저 밀어붙여
공장 서고
아파트 버텨 서 있는
가슴 앞

정든 얼굴
산지사방
낙엽처럼 흩어진 채

낮달처럼 고향은
파란 하늘
섬으로 떠 있다.

섭섭한 이야기

왜소하게 돌아오는
저녁 모퉁이

가을 국화
쓸쓸하다.

방황의 끝은
끝내 보이질 않고

추스르기 힘겨운
가을 바람만
등을 떠민다.

순간마다
믿음의 또아리를
틀어보지만

끝끝내
불티로 날아가는
섭섭한 이야기.

* 2000. 11. 14.

세모歲暮 1

외로운 시늉으로
허전한 듯
바람은 나를 앞세우고

낡은 바지가랭이를
잡아 끌며
시간은

섧은
가슴을 도려내듯
아픈 지문을 문지르고

12월은
당돌한 몸짓을 하며
희끗희끗 기억을 지워간다.

* 1997. 12. 9.

세모歲暮 2

사는 거
겨울나무에 걸쳐
훌쩍 스치는
바람 같다

모두
녹아져
흘러갈
젖은
눈송이

훌치듯
플랫폼 빠져 나가는
서글픈

인연 다한
시간.

* 2006. 첫 시집 [망초꽃 연가]

세상 풍경

저마다
녹슨 열쇠 한 꾸러미
주절주절 매달고
피곤에 지쳐 걸어가는
세상 풍경

누구도
예외일 수 없는
절박한 순간 다가오면

허송한 세월
도로 바꿀 수 없어
빈손만 흔든다.

저 허전한
가을 들녘
허수아비처럼.

* 1999. 9. 22.

세태 2

그대들
뒤틀린 세상
삿대질만 일삼는
나약한
손가락들

귀 막고
눈 가리고
모두가 아옹하며

망가진 폐선처럼
누워서
네 탓
내 탓도 아니라는

민둥산 뻐꾸기
울음소리
서글프더라.

수유리에서

그날
가슴 터지던
함성 들린다.

그날
하늘 가르던
뇌성 들린다.

목타는 갈증
주저앉던
햇살

한 맺힌
자유와 민주
솟구치던 핏빛
역사여!

사람들아
그날의 하늘과 땅
울리던 통곡소리.

신문을 보며

정치는 속 들여다보이고
시끄러워

경제는 배고픈 사람들에게
한낱
수치일 뿐

문화는 걸음마인데

혼란스런 사회면
훑어가다 보면

35도 오르내리는
찜통 더위 속

가슴만 갑갑한
여름 오후.

* 1999. 8. 10.

실종

주민등록증이
나를 대신한다.

주민등록번호가
나를 대신한다.

증명사진이
나를 대신한다.

내 속에는
내가 없다.

내 밖에도
내가 없다.

내 이름이
나를 대신한다.

야간 어시장

귀한 어족
팔려나가고

숭어 몇 마리
잡어만 판치는
좌판

취기 돈 아낙
외쳐대는
서글픈 파장

토막 치고
꿈틀대는
유행가에 파묻히는

눈 시린 알 전구
저물녘 어시장.

약육강식

굼벵이는 참새가
먹어치우고

참새는 솔개가
먹어치우고

솔개는 시간이
먹어치우고

나는 설익은 삼겹살을
질겅거린다.

* 2004. 1. 7.

어느 아침

하얀 눈 내린
변두리 공터

목 터지게
아침 까치가 운다.

누구도 들어주지 않는
쉰 목청 돋우며

묵은 변명이나 하듯
빈 여운만 지나간다.

끝끝내
아무도 보이지 않는다.

* 1993.

어떤 노인

끝이 보이지 않던
어린 날의 방황

겉돌던
장년의 기백도
이제
지풀에 꺾인 채

관객이 떠난
텅 빈 객석

그는
노년의 고독이
무섭다 한다.

끝이 보이지 않던
어린 날의
방황이
오히려 그립다 한다.

* 1998. 7. 30.

열목어의 잠행

꼭꼭 숨기고
잠근다.

함부로 열어
보여주면
적이 되어 돌아오는
칼날

오늘도 빗장 걸고
깊이 깊이
바위 사이 물가에
몸을 감추는
열목어

맑은 물에서만
자유로운
몸짓

* 2001. 8. 12.

염원

배고파
아우성치는 거
아니다

부자유해서
반항하는 거
아니다

세상
한 사람도

억울한
울음
울지 않는

그런 하늘 밑
나는
살고 싶다.

영춘교

어쩌면
무심코
지나쳐
부는 바람마저도
예사롭지 않은
그리움
일렁이는
은빛 파도
잠시 넋 잃고
바라보는
철 이른 코스모스
해 지는
하늘 가득
코끝이 시려오는
그리운 사람아.

* 영춘교 : 남한강의 다리. 단양에서 구인사 쪽으로 놓인 다리. 가다보면 작은 마을과 온달 동굴이 보인다.

* 1998. 7. 10.

용미리 가는 길

땀내 나는 손금 사이
송송 새어나간
세월의 끝물

연기처럼 낮게
갈앉은
아득한 산자락

누군가 언뜻언뜻
숨은 몸짓
저녁 인사를 하네.

마음은 망가진 채
살아서 헤매는
슬픈 저녁.

* 용미리 : 납골당이 있는 경기도 파주군 소재. 왕능 부근.

유품

아버지 남기고 간
안경알 너머로
구름 흐르고
두메산골
까투리 운다

봄꽃
터지는 3월

버들강아지
사방
삐져 나오는
갯여울

얼음 풀린
징검다리
퐁당
빠지는

산그늘
아득하다.

* 2006. 첫 시집 [망초꽃 연가]

은행나무

아장아장 보도블럭
오리처럼
걸어오는
아가야

노란 은행나무
물드는 세월
너는
모른다

하루하루
살았다, 안도하며
심호흡하는
저녁

땅에 닿기 전
녹아버리는
눈송이처럼

산다는 거
슬픈 일이다
아가야.

* 2006. 첫 시집 [망초꽃 연가]

이 길로

이 길로
홍경래 갔던가.

이 길로
전봉준 갔던가.

차라리
날 죽이고 가거라.

피 토吐하던
황톳길

아, 5백년
뙤놈이 핥다가고
쪽바리 핥다가고

공산주의
자본주의
한마당 씨름판

시름시름 폐렴 앓는
아, 반도여
한恨의 반도여!

이산 가족 상봉을 보며

저녁까치
수선스럽던
허술한 울 너머

노오란 개나리꽃
또 피었겠구나.

자유의 다리
임진강
저 들녘

붉은 철쭉
물드는
슬픈 봄나들이

오고 가는
덧없는 만남은
또 보고 싶은 아픔으로
흐느낌이여

이별로 멀어지는
서글픈 손짓들

마음 무너진다.

허탈한 실향을
뉘 알랴.

* 2001. 4. 8.

일상

눈부신 햇살
자전거살에 걸려
빠르게 굴러간다.

헛소문 무성한
입방아

오다가다
우체통에 쑤시어 박힌
잊혀진 주소

사람 사는 동네
온통 고지서만
날아다닌다.

절벽으로 쏠리는 일상
사방 총구를
겨누듯.

* 2003. 10. 22.

일출봉, 제주행

추사秋史가 귀향가던
탐라도 밤바다

일출봉
마라도
가파도
먼 파도뿐

혼자서 밭갈고
우물 파던
댓바람소리.

그리움으로
그리움으로
병病 들어

귀 먹고
눈 멀어
억울해서
억울해서

쩍쩍 금이 간
일출봉
갯바닥.

임진강

녹슨 철교
보이는

망초꽃 지천으로
흐드러진
지역

고향엘
가야지
가야지

긴 세월만
까먹은 채

쓸쓸한
망향.

*1999. 8. 10.

자유

불끈 쥔
맨손

손수건
적신
눈물
또
얼마냐

솔개가
나래치는

영원한
아우성

막막히
쫓겨간
아득한 길

민들레 꽃씨
날아가
천 개 만 개
출렁이는 깃발.

* 2006. 첫 시집 [망초꽃 연가]

장마

온통 황톳물
잠긴 지붕 끝

삼복 지나면
머잖아 가을

매미소리 뚝뚝 끊긴
들길

하늘 한 뼘
보이지 않는다.

흔들리는 화면 가득
감감하게 잠기는 들녘

처서가 내일인가
모레인가.

장터

망초꽃
시큰둥 흔들리는
여름 공터 돌면

금세 소나기구름
낮은 하늘가

들뜬 목소리
낯익은
국밥집 간판 보이는

성씨만 생각나는
야윈 얼굴들

장마철 재래시장
비릿한 사람 냄새.

재래시장

몇 잎
지전을 침 발라 세며
또 하루가 가고

세월 삼킨
주름살 너머
돋보기안경 속
수심도 깊더니.

왈칵 취기 도는
파장
질척한 재래시장
물비린내 나는

우리만 아는
비릿한 체온.

* 1999. 8. 27.

저녁 풍경

낡은
목탄화
흐릿한 풍경

맨홀에 빠진
지폐처럼
어디로 떠내려간다.

회색 도심都心은
집어등集魚燈을 켜고
포획 태세로
꿈틀거리며 다가온다.

나는
작은 먹이일 뿐.

정수원

대책없이 추락하다
꿈을 접는 날

여름햇살 은빛으로
갈아앉는
정수원 뜨락

낮술에 취기 돌 듯
구봉산 끝자락
맴도는 평상심

침묵하는 선체처럼
숨이 차는 하루

땅거미로 흐려지는
원경遠景.

정情, 한 줄 시가 되어

7월 땡볕
깜부기가 되어
돌아오라.

먹구름에 실려 온
한 줄기
소나기가 되어
쏟아지라.

차라리
이 겨울 밤
한 줄 시가 되어

쓸쓸한
네 뜨락에
내려서 쌓이라.

* 1982. 1. 15.

제헌절 독백

법法만 있고
사랑은 없고

사람만 있고
법法은 없고

권력만 있고
법은 없는걸까?

왜 만인은
법 앞에
평등하지 않다고
아우성일까?

헷갈리는 독백만
입술에
뱅뱅 도네요.

조지 오웰 당신은

시국 돌아가는
코웃음 짓는
그 얘기야.

난, 놀랐지
후회스런 장바닥
그 외마디 통곡에
귀 멀었어.

아무소리도 들리지 않고
모르스 부호
암호만 찍히는
빈 책상 나무의자

1984년 조지 오웰
당신의 이야기야.
자유에 예속
무지의 힘

이제 우린 모든 것을
잃었어.
그러면서도 우는
아, 우리의 무지.

* 1984.

종이학 1

마른 하늘
송이구름 떠간다.

동전만한 저녁해
아득한
산을 넘고

접히지 않는
종이학
날아간다.

우, 우, 웅성거리는
잡목림

바람은
그렇게 온 곳으로
되돌아가고 있다.

종이학 2

우, 우 스치며
몰려가는

구름 몇 장
동동 떠도는
마른 하늘

동전만한
저녁해

아득한
잡목림

간신히 접힌
종이학

슬프게
어디로
날아가나.

*2006. 첫 시집 [망초꽃 연가]

체험

철렁 가슴 내려앉는
혁명을 경험했다.

역사는 끝끝내
진실을 말하지 않고
현실을 비웃는다.

살아 있다는
그 하나만으로도
위안을 삼자.

오늘의 정의가
내일은 불의가 되는
이 모순 속에서

우리는
다양한 체험을 토대로
성숙해 있어

끝에서 끝
그 마지막 대열에서
늘 오열하고 있었지.

* 1998. 3. 9.

초병의 노래

피멍진 가슴으로
밤새껏
두견이 울었다.

칠흑의 어둠 속
인육의
아비규환 들리는

휴전선 150마일
갈대밭엔
하얀 파도가 밀려온다.

금시라도
생명을 삼킬 것 같은
흡사 상어의 이빨 같은

초승달이
초병을
노려보고 있다.

* 1994. 12. 10.

콩나물장수 할머니는

밑천 없이 시작한
콩나물장수 할머니는
손도 크다.

오십 원, 백 원어치
가난한 사람들 밥상머리
단골 메뉴
깊은 주름 패인 손으로
덥석덥석 한 움큼씩
덤으로 집어주는 인정.

빗나간 재수생 손자놈
아침 해장국 끓여놓고
집 나간 며느리
이제나 저제나 돌아올까

측은하기만 한 아들놈
늘어진 어깨 너머
일찍 세상 하직한
할배가 원망스러워

때로는 막걸리 잔 놓고
팔자 한탄하던
구순한 그 할머니
주름 패인 깊은 한숨
오늘은 왠지

그 할머니
콩나물 좌판이 텅 비어 있다.

* 1993. 11. 18.

캐피털리즘

보이는 것만
믿으려 하는
잡히는 것만
믿으려 하는

미련스럽고
우매한 세상

신령한 위로부터 오는
복된 영혼의
축복이 무엇인지

보이는 것만
만져지는 것만
숭배하는
자본주의의 교만

있다는 것으로
안다는 것으로
사람을
함부로 업수이 여기는

우리는
그런 기막힌 세상에서
살고 있다.

* 1998. 7. 29.

타령조

이름부터
혈통부터
종족부터
아득한 태고 원시부터
불을 갖고 장난한 것부터가
비극의 시작이었다.

보라
울면서 태어나서
울음 속에 임종하는 모습을

겹겹이 층층이
쌓이고 묻히고 잊히고
꼬이고 어지럽게 어지럽게
푸닥거리 한마당 굿놀이

지신地神 밟고
이히 이이 이히
꽃상여 굽이굽이 갖아도는
아득한 산하.

* 1989. 5. 30.

판문각에 서면

누가 이 아픈 상처를
싸매어 줄 것인가

혈육과 핏줄을
동강이 내 놓은 채

역사의 긴 장강은
무무히 흐르는가.

한 맺힌 민족혼은
백두산에서 한라산까지
오늘도 활화산이 되어
타오르는데

반만년
백의에 묻은
진홍빛 핏자국

저 찬란한
민족의 자존
굳게 지키는
동해의 아침 기상.

* 1993.

3.1절에

버얼써 너
다 잊었는가
흰 두루마기
피 엉켜 찢겨진 태극기
움켜쥐고 쓰러지던 기억
그 만세소리
그 통곡소리
아, 36년
긴 긴 어둠 속
지까다비에 밟힌
내 조국 산하
아직도 현해탄
어두운 물안개
서린 한 옹맺히나니
까까머리 징용 간
어린 삼촌은
먼 북만주 눈보라 속
한반도가 그리워
대한민국 그리워
아직도 밤마다
울고 있나니
아직도 밤마다
울고 있나니….

5.18 광주

살아서 비겁한 자는
죽어서도
영원한 비겁자다.

진실을
역사를
이렇듯 피 맺히게
멍들게 한
이 시대에 존재한
우리 모두는
부끄러운 죄인이다.

더 말해서 무엇하리
더 불러서 무엇하리

한 맺힌 영혼들이여
나도 오늘처럼
하늘 아래 머물고 싶다.

여섯_ 마지막 병상일기

가면극

가장 소중한 것을
잊어버린 채
하찮은 것에 목숨 걸 듯
나 그렇게 살았다.

누구를 사랑한다는
요란한 꽹과리 소리
그 꽹과리 소리만
귀가 따가운 듯

몇 개의 가면을 바꾸듯
가면극,
하찮은 것들에 목숨 걸 듯
그렇게 살았다.

* 2014. 10. 21.

가을

가을엔
눈만 크게 떠도
아무데서나
보석을 줍는다.

가을엔
온통 수채화로
물든 풍경
방금 꺼질 듯한
여린 것들
마른 함성이 들린다.

보석을 쏟아놓은 듯
하늘 멀리
영롱한 별빛을 바라보면
가을 눈꼬리만
올려놓으면
온통 보석의 축제.

* 2014. 10. 13.

낚시 밥

덥석 먹이인 줄
알고
물었더니

허기를 면하려
급히 삼켰더니

진혼곡 한 곡
한스럽게
부르지 못한 채

심연에 수장되는
생명.

* 2014. 11. 3.

내 고향

고향 뒷동산 흐드러진
망초꽃
누렇게 퇴색하면
그리운 엄니를
목이 쉬도록 불러본다.

* 2014. 10. 21.

너

총구도 아니고
목사도 아니고

고상한 소시민도
아닌 너

하루 12번씩
분노하다

쓰러지는
멍청한 놈아

* 2014. 11. 20.

무제

번호판도
보이지 않고
쌩쌩 앞으로만 달리는
자동차의 행렬

하얗게 먼지를
뒤집어 쓴 채
폐차가 되듯
차가운 새벽

앞으로만 달리는
위험한 질주
신호등도 꺼진 채
충돌 직전
새벽의 경고.

* 2014. 10. 13.

상처

그 자리에
홈이 패듯
꽃을 거두어 간 자리가
허전하다.

가을을 알리는 징조
꽃뿐이랴.

내 안에 패인
상처
바람이 새듯

가을이면
상처 그 자리
꽃망울이 맺는가.

* 2014. 11. 3.

새벽 2시

새벽 2시
변기에 앉아

힘주어, 힘주어
변기와 씨름하다

똥 두 방울이
떨어지는 순간
주님 감사합니다.

한 컵의 물
한 방울의 똥이
이렇게 감사한 것을.

* 2014. 11. 20.

아내여

아내여
미안합니다.
간병하다 지쳐
영양주사 꽂은 채
코를 고는 내
아내여.

혼자 두고
가지 말라고
귀에 멍멍하게
슬픈 목으로 울어
목이 메인다.
목이 메인다.

* 2014. 10. 21.

암병동

여기가
삶의
종착역인가?

새벽 두 시
새벽 세 시

절명할 듯
신음소리

숨막히는
나

절망도
희망도

절박한
신음소리.

* 2014. 11. 20.

연인

밤 새워
하얗게 밤을 새워
기도하는
당신

사랑의
무한공간으로
흐르는
연민

사랑의 능력
초청인.

* 2014. 11. 22.

은사시나무 2

무심히 지나치던 것
하나하나 선명히 보인다.
고통을 통해
또 다른 의미로 다가오는
싸이프로스
눈부신 햇살 속 신비한 모습
생명은.

* 2014. 10. 12.

조성봉 목사님

개펄에 오면
갯내음이 나듯이
대정동 소망교회 오면
사람 냄새가 난다.

그리운 사람 냄새
잊혀진 사람 냄새
눈물로 가꾼
갯벌에 오면

국화 향기보다 더 진한
사람 냄새가 나는
조성봉 목사님을
만나고 싶다.

* 2014. 10. 21.

지우개

잘못 쓴
일기

고쳐 쓰려고
침을 발라
노트장을
찢어져라 문지르지만

아, 지워지지 않는
일기장.

* 2014. 11. 20.

진실

진실을 말하며
진실로
살고 싶다고 하지만

자꾸만 과녁에서
멀어지는 진실.

내 핏줄에 흐르는
선악과의 피

주님,
항암주사액으로
깨끗이 하소서.

* 2014. 10. 21.

친구야

착하게 살고 싶다
친구야.

폭풍이 몰아쳐
절벽에
서있다 해도
절망하지 말자
친구야.

고운 마음으로
마음을 다스리자.

* 2014. 11. 18.

희망

빨리 나아서

아름다운
사람들과
밤을 지새며

아름다운
이야기를
끝없이 하고 싶다.

* 2014. 10. 21.

일곱_ 신앙 간증문

| 간증문 |

신학과 4학년 2학기 박노언입니다.

부족한 사람이 하나님께 간증할 귀한 시간을 허락해 주신 하나님은혜에 깊이 감사드립니다.

한 인간의 역사라고 할까 퍼스날 히스토리를 다 이야기 하려면 긴 시간이 필요한데 시간이 짧은 관계로 전부 이야기하기엔 어렵고 "내가 만난 예수"란 주제를 가지고 간단히 여러분과 은혜를 나누고자 합니다.

제가 예수님을 만나기 전 대부분의 사람들이 그랬듯이 세상에 소망을 두고 욕심과 탐심으로 이기적인 삶을 살았습니다. 또 육안으로 보면 겉은 멀쩡하지만 내부적으로는 문제투성이이고 영혼이 병들고 수치심과 열등감에 불안초조로 언제 터질지 모르는 시한폭탄과도 같은 감정의 불균형을 갖고 생활했으며, 밖에서는 그야말로 사람 좋기로 유명했지만 가정은 엉망진창이었습니다.

또 세상 다수의 남자들이 술로 망한다고 하는 술태백이로 1차, 2차, 3차 … 뻗을 때까지 마시는 주당이었습니다. 그리고 주사가 있어 술만 먹으면 가정을 온통 불안하게 하고 온전한 것이 하나도 없을 정도로 내던지고 부수는 등, 참으로 여러분이 상상하기 어려운 그런 사람이었습니다. 그때 그 자리는 마치 폭탄이 터지고 태풍이 휩쓸고 지나간 꼭 그런 자리였습니다. 사진을 찍어 놓았어야 실감을 할 정도로 주벽이 심한 사람이었습니다.

제가 자란 가정은 예수를 믿는 가정과는 너무도 거리가 먼 가정이었습니다.

할아버지는 지주로써 아들을 일본 유학시킬 정도이니까 개화가 된 사람이었고 식견이 넓었지만 예수님을 알지 못하는 분이었습니다. 아버님은 격동기 일본의 침력과 해방과 전쟁 그런 속에서 지주는 몰락했고 아버님은 일본 와세다대 토목공학과를 나오셔서 줄곧 공무원생활로 전근이 무척 잦으셨습니다.

또 불행한 것은 저의 어머니께서 제가 백일도 안 되었을 때 돌아가셨습니다. 근무지가 바뀔 때마다 이사를 하며 불안정한 생활을 하면서 어머니의 사랑과 애정을 받고 자라야 할 유 · 청소년기를 계모의 슬하에서 생활하다보니 성격과 인격이 많이 왜곡되어 이런 환경 속에서 성장한 사람들이 공통적으로 갖는 성격장애를 겪으며 불균형한 성격의 소유자가 되었습니다.

다행이도 저는 집사람(정영숙 강도사)을 만나 오늘 제가 이렇게 하나님을 영접하고 주님의 종으로 살기로 결단하게 되었으며, 또한 많은 인내와 채찍으로 나를 묵묵히 이해해준 사랑하는 아내를 나는 빼놓을 수 없는 인생의 동반자로 여러분께 이야기하지 않을 수 없습니다.

보통의 여자 같았으면 열두 번도 더 도망을 가고도 남을 지경의 사람이었으니까요.

모든 것을 술로 잊고 달래며 하나님이 주신 존귀한 생명의 시간을 허송하며 한쪽의 옆구리가 시리도록 고독하게 방황하며, 인생의 삶이 이런 것인가 하는 한계상황에 부딪혀 도저히 헤쳐 나아갈 엄두를 내지 못했습니다. 인생이 6~70 길어야 80인데 왜 이렇게 비참한 지 자기 자신의 실체를 발견하기 어렵고 힘든 방황의 연속이었습니다.

책 속에 길이 있을까 하여 수많은 책을 읽으며 책 속에서 길을 찾기 위해 안간힘을 써보기도 했습니다. 아내는 나를 어린아이처럼 연민과 동정으로 대했지만 그 사랑과 깊은 믿음의 신앙심을 나는 알지 못했습니다. 어머니의 사랑을 대신하듯 측은하고 여린 나의 마음을 이해하려 노력하며 그 시간을 참아주며 지켜주었습니다.

아내의 신앙생활에 나는 늘 걸림돌이 되었고 더 나아가 핍박하는 사람이었습니다.

"예수를 믿으면 믿었지 왜 그렇게 나까지 끌고 가려고 야단이야. 믿으려면 당신이나 믿어. 귀찮게 하지말고." 하며 고함치기 일쑤였습니다. 아내는 눈물로 살다시피하며 저를 위해 하나님께 기도하며 고통과 인내로 참아주었습니다.

제가 작은 사업을 하고 있었는데 모두가 엉망이 되어 버렸습니다. 엎친데 덮친 격으로 집을 팔아 증권에 투자하여 모두 날려버리고 빚더미에 앉게 되었을 때도 아내는 묵묵히 문제 해결을 위해 동분서주하며 곤혹을 치뤘습니다. 나는 늘 문제를 일으키고 아내는 해결사 역할을 해주는 주객이 전도된 가정이었습니다.

아내의 성화에 성경을 끼고 다니며 썬데이 크리스천으로 교회에 출석하는 교인으로 주님을 만나지 못한 채 변화되지 못한 겉 신앙의 교인이었습니다.

그러나 우리 하나님은 저를 사랑하시어 상관하시기 시작하였습니다.

지금으로부터 약 10여 년 전쯤으로 생각됩니다. 하던 모든 사업을 접고 수습할 때였습니다. 체중이 10에서 20키로까지 빠지기 시작하며 가슴이 빠개지듯 통증이 오고 골치가 쏟아질 듯 아파서 병원에 가보았으나 뚜렷한 병명은 나오지 않고 피곤하고 신경써서 그렇다며 진통제 한 대 놔주고 약을 2~3일치 주면 그것으로 전부였습니다. 몇 군데 병원을 다녀봐도 마찬가지였습니다. 저는 그때 인생 포기상태였고 죽기를 작정하고 더 이상 병원에 가길 단

념해 버렸습니다. 그 뒤 아내와 나는 이 세상의 마지막 이별 여행이라며 슬픈 여행을 하였습니다. 피골이 상접한 체 여행을 다녀왔습니다.

그런데 이제 마지막이라며 한 군데만 더 가서 진단을 받아 보자고 조르는 것이었습니다. 나는 암이나 죽을병에 걸린 것으로 체념하고 있었습니다. 그 절망적인 의사의 선고가 두려웠습니다. 그러나 하도 조르기에 마지못해 가서 진단을 받았습니다. 여러 사람이 추천하고 권하는 안수 집사이신 의사 선생님은 친절하셨습니다. 진단을 받고 나는 나와버렸는데 한참을 의사의 진단결과를 듣고 나온 아내의 얼굴이 의외로 밝고 환했습니다. 그리고 나에게 들려주는 진단결과는 아주 희망적이었습니다. 그렇게 염려할 병이 아니라며 처음 듣는 병명을 알려줬습니다. 며칠 후 갑상선항진증이라는 병이었습니다. 1년가량 약을 먹고 치료하면 나을 것이라며 약값도 무척 쌌습니다.

경제적으로 어렵고 가산은 기울대로 기울어 아내는 하나님께 기도하기를 죽을병이 아니길, 약값이 비싸지 않길 하나님께 기도했다고 합니다. 그 응답을 주셔서 너무도 감사하다며 나에게 희망을 가지라고 위로하며 격려해 주었습니다.

그때부터 술, 담배, 세상친구를 멀리하며 날마다 하나님께 가까워지길 기도하며 회개하기 시작했습니다.

여러분 하나님의 임재를 체험했습니까?

어느 날 새벽기도시간 찬송가 455장을 부르는데 한없는 눈물이 나오며 콧물, 눈물로 범벅이 되어 몇 시간 기도하고 나니 마음이 가벼워지고 기쁨이 샘솟는 것입니다.

다같이 찬송가 455장을 함께 부르시겠습니다.

살아계신 하나님을 뜨겁게 체험했습니다.

하나님의 사랑이 내게 오신 것입니다.

어둠의 사람이 빛으로 세상 사람이 하나님의 사람으로 거듭남의 순간을 체험했습니다. 오래전에 주님은 나를 사명자로 불러 주셨는데 그만 그 음성을 무시하고 내 생각 내 뜻대로 엉망으로 세상을 살며 하나님을 핍박하고 그 영광을 가리며 교인이 술에 취한 체 술주정하는 참으로 쓰레기만도 못한 인생을 살다가 늦은 나이에 더 이상 미룰 수 없어 주님께 잡혀서 이 은혜로운 선지동산에서 박만배 학장님을 만나게 해 주시고 또 많은 동역자 학우들과 하나님의 종이 되기 위해 배우고 깨달아 이 마지막 시대에귀히 쓰시는 하나님의 종이 되기 위해 기도하며 은혜 가운데 공부합니다.

십자가 밑에 나의 나된 것을 내려놓고 모든 죄와 허물을 용서해 주신 하나님의 사랑을 감사하며 날마다 나를 위해 기도하던 아내와 교도소 사역 동역자가 되어 날마다 기도하며 주 안에서 십자가만 바라보고 사는 하나님의 자녀가 되었습니다. 모든 것을 그 분께 맡긴 채 오늘도 동행하시는 참 좋으신 하나님과 함께 믿음과 소망을 갖고 저 높은 하나님 나라를 바라보며 은혜 안에서 하나님의 임재를 체험하며 생활합니다.

부족한 간증을 들어주신 여러분께 감사드리며 은혜가 되지 않는 부분은 잊으시고 하나님의 은혜가 되는 부분만을 기억나게 하시길 하나님께 기도드립니다.

모든 것을 감사하며 저의 졸시인 간증시 은사시나무를 낭독해 드리는 것으로 간증을 맺겠습니다.

은사시 나무

캄캄한 삶이 파도치는 저녁
당신을 만났습니다.
한바탕 폭풍 몰아쳐 산산조각난
탐욕의 난파선은 침몰하고
인생 눈 비 오는 망망한 바닷가.

아득한 햇살 눈부신 불비늘처럼
빙그레 웃으시며 다가오시는 주님
비로소 나는 꽃이 되고 구름 되고
소중한 의미가 됩니다.

이제 까마득한 절벽 끝
밀쳐진다 해도
영롱한 이슬 젖어 활짝 웃는
아침 꽃망울로 피어나게 하시는 주님.

주님 은혜로 새 하늘
새 땅에 뿌리내리는
4월의 한 그루 은사시 나무가 되게 하소서.

2부

첫 시집 『망초꽃 연가』 자료

첫 시집 [망초꽃 연가] 2쇄 '발간사'

하늘에 계신 사랑하는 당신께

목사 **정 영 숙**

(박노언 시인 아내)

맑고 향기롭게 주님 품에 안기신 당신!

벌써 1년이라는 시간을 향하여 흘러가고 있네요. 함박눈이 펑펑 나리던 12월 24일 불과 5개월 전에도 함께 웃고 산책을 하며 알밤도 까주시고 기타치며 화음맞춰 노래도 불렀던 당신을 뼈가루로 대하였던 나의 당신. 아! 아! 당신이 없는 빈자리를 기도와 말씀으로 채우려 했지만, 당신에 대한 그리움은 죽을만큼 괴로움과 고통이었고, 지금도 그렇게 하루하루 살고 있네요. 손에서 책을 놓지 않고 항상 시상에 잠겨 살던 당신.

그곳 천국에도 시와 책이 있나요? 쉬지 않고 책을 보시며 시를 쓰시던 당신을 눈물로 그리며 이 추모의 글을 쓰고 있네요. 늘 노래처럼 재판 발행과 시집을 내야한다고 당신은 병상에서도 유언처럼 날마다 말씀하셨지요. 이제는 당신이 없는 이 날에 재판 발행을 하여 당신의 마음을 많은 사람들에게 읽게 하려 합니다.

천국에 계신 당신도 말할 수 없이 기뻐하시겠지요. 당신의 미발표작품들은 "망초꽃 연가"에 이어 "망초꽃 지면" 이라는 제목으로 내년 상반기에 반드시 유고 전집으로 출판하고자 리헌석 회장님과도 약속을 하였답니다.

당신은 항상 나의 사랑이자 기쁨이었습니다. 무엇보다도 당신의 맑은 영혼을 나는 좋아했습니다. 당신이 병중에 숨 쉬고 살아 계시는 것만으로도 감사하고 또 감사했습니다. 당신이 안 계신 세상을 하루하루 눈물로 살아가며 당신이 떠난 다음에야 내가 당신을 얼마나 사랑했는지 알게 되었고, 완전한 당신의 사람이 되었습니다.

눈물로 살아온 당신과 함께 지나온 세월을 돌이켜 보면 그래도 행복했지요.

시도 마음껏 쓰시고 노래를 부르며 목이 쉬도록 복음을 전할 수 있었지요.

그리고 고백합니다. 미안합니다. 미안합니다. 부족한 아내를 용서해 주세요.

살아서 사랑한 것보다 당신이 곁에 없는 지금 더욱더 당신을 사랑합니다. 사랑합니다!

2015년 11월 5일

당신의 영원한 아내 드림

첫 시집 [망초꽃 연가] 2쇄 '추모의 글'

예수님 오시는 성탄절

목사 **조 성 봉**

(대전소망교회)

그 분을 마중나가셨던 박노언 시인은
아예 천국에서 붙들리셨는지
아직까지 안 오십니다.
그 분의 시를 대하면
마음이 순수해지고
맑아지고 그리워집니다.
그 분은 시처럼
아름다운 분이셨습니다.

박노언 목사님을 추모하며

이 용 화
(이용화플란트치과 원장)

목사님은 선한 목자였습니다.

목사님의 모습에서 온유를 배우며,

목사님의 언행에서 절제를 익혔고

목사님의 목양에서 사랑을 느끼며,

목사님의 삶을 통해 우리는 진리를 목도했습니다.

사람이 사람을 그리워하고 존경의 마음을 품음에는 때와 장소의 구분이 필요 없습니다. 병마와 싸우는 와중에서도 끊임없이 사랑의 메시지를 전해 주신 목사님 존경합니다. 그리고 사무치게 그립습니다.

시인의 이름으로 살아가기를

시인 **임 강 빈**

박용래 시인의 조카 박노언(朴魯彦) 시인을 처음 만난 것은 십년 전 우연한 자리에서이다.

오래 전에 오류동 박용래 시인 집을 부리나케 드나들었다. 집안 일도 대충은 알고 지낸 터라, 혹시 거기에서 우리가 마주친 적이 없느냐고 물었더니, 좀 겸연쩍어하던 표정을 짓고 있었다. 그 무렵 자기는 고등학교 학생으로 문학을 지망했으며, 숙부의 명성에 주눅이 들어서 한번도 발설하지 않았노라 한다.

그리고 문학에 대한 향수는 지금도 여전하다는 토를 달았다.

이렇게 해서 우리는 만났다. 횟수가 늘어날수록 그는 굵은 빗소리가 아니라 꽃이나 이파리를 적시는 봄비 같은 성품, 유년시절의 아픔 같은 것이 묻어 있음을 알게 되었다.

요즘 문장의 조류는 길어졌다. 아무래도 산문시대의 영향인가 싶다. 행과 연의 구분도 무너졌고 리듬도 사라졌다.

시의 기조는 서정이다. 서정을 그저 낡은 것, 힘이 없는 것으로 치부하는데, 오히려 서정이야 말로 맑은 것, 샘솟게 하는 힘이 아닐까.

그의 시는 군더더기가 없으며 시형은 짧다.

하루는 원고뭉치를 들고 집으로 찾아왔다. 너무 서둔다 싶어 조급하면 시를 위해 아무런 도움이 안 된다고 완곡히 말했더니, 올해가 자기 갑년이고, 그 기념으로 시집을 내고 싶단다.

우선 놀랐다. 팽팽한 나이쯤으로 여겨왔는데 벌써 환갑이라 한다. 그리고 이 나이에 첫 시집을 내놓겠다니 오직 경하할 뿐이다.

박노언 시인!

시인의 이름으로 계속 살아주기를 바란다. 그러기 위해서는 각고의 분발이 있어야 한다는 점도 밝힌다.

간결한 시형에 담긴 정갈한 서정

* 박노언 시인의 시세계

문학평론가 **리 헌 석**

(사단법인 문학사랑협의회 이사장)

1. 박노언 시인 살펴보기

박노언 시인은 충남 부여를 고향으로 두고 있어, 부여와 금강에 대한 작품을 자주 발표하고 있다. 또한 '눈물의 서정시인'으로 일컬어지고 있는 '박용래' 시인이 그의 삼촌(숙부)이고, 그 영향을 받았는지 단형의 시와 간결한 문체가 특징이다.

그는 박용래 시인을 따라다니던 어린 시절의 추억을 되새겨 문학작품으로 빚어내고 있다. 〈대홍동에서/ 오류동/ 까마득한 비포장길/ 울면서/ 따라나서던 기억〉을 되살리기도 하고, 〈칠흑 같은/ 밤// 쓸쓸한 오동나무/ 멍울진 목울음〉 소리도 듣는다. 그의 삼촌 박용래 시인은 〈쓰디쓴 커피 안주/ 말걸리 한 사발〉을 사랑하였으며, 〈갑갑한 세상〉에서 〈남루하지만 당당한/ 결 고운 영혼의 눈물〉을 보이던 시인이다. 이제 박노언 시인도 삼촌의 〈그 슬픔 조금씩/ 나도/ 터득하며 산다.〉(용래 삼촌)고 실토한다.

그는 이 작품을 통해 까마득한 추억을 되살려 내고, 그 추억 속에서 시인 자신도 '용래 삼촌'과 같이 〈결 고운 영훈의 눈물〉과 〈슬픔〉을 터득하는 연치(年齒)에 있음을 고백한다. 이러한 고백은 자신의 위치를 점검하고, 존재에 대한 확인을 전제한다. 자신에 대하여 문득 깨달았을 때, 그 깨달음은 시인의 내면에서 커다란 울림으로 작용하고, 그 뜨거운 울림이 작품으로 승화된다.

마른 갈대
하얗게
뭉그러져

뻘밭을
캄캄히
헤매다
코 빠져 돌아오는
저녁

넌, 누구냐?
자꾸만 되묻는
회오리 바람

—「저녁」 전문

'나는 누구인가?' '무엇을 하고 있는가?' '어떻게 살고 있는가?' 이런 자문(自問)을 통하여 우리들은 존재의 본질에 접근하게 되고, 이에 대한 자답(自答)은 바로 우리 삶의 자세라 하겠다. 누구보다 섬세하고 예리한 감성을 지닌 시인은 이러한 자문자답에 익숙하게 되고, 이로 말미암아 작품의 경지를 고양시키게 된다.

이 작품의 〈마른 갈대/ 하얗게/ 뭉그러져〉 있듯이, 그런 삶에서 시인은 갈증을 느끼게 된다. 또한 〈뻘밭을/ 캄캄히/ 헤매다/ 코 빠져 돌아오는/ 저녁〉에 시인은 중심이 잡히지 않은 내면을 스스로 확인하게 된다. 이렇게 배회하거나 방황하는 갈등 속에서 회오리바람이 '너는 누구냐?'고 묻는다. 이는 사실 회오리바람이 물었다기보다, 시인 스스로 자신에게 묻는 것에 다름 아니다.

이렇게 방황할 수밖에 없는 까닭은 다음의 작품을 통하여 확인할 수 있다. 자신은 〈소리 없이/ 돌아 흐르는/ 강도 되지 못한 채/ 덜컹거리며// 낡은 기계처럼/ 불협화음만 내고 있다.〉(자화상)고 밝힌다. 그는 토후젓갈처럼 곰삭지 못한 채 바람만 탓하는 듯한 자신을 발견한다. 그리하여 모든 나무가 잎을 접고 묵묵한데, 세월만 탓하고 있는 자신을 경계한다. 또한 낡은 기계처럼 불협화음만 내는 자신에 대한 두려움이기도 하다.

시인은 이와 같이, 존재에 대한 각성, 바르고 정직하게 살려는 삶의 자세, 또한 살면서 깨달아 가는 과정을 작품 속에 담아낸다. 작품을 감상하면서 시인이 추구하고 있는 문학적 지향을 밝히고자 한다.

2. 서정의 정갈함에 대하여

박노언 시인은 동아일보사 지국을 30여 년간 경영한 이력이 있다. 그래서 그를 볼 때마다, 언론계 인사들의 일반적 특징처럼 비판적이거나 강렬한 성격을 연상하게 되지만, 그런 연상과는 완연하게 다르다. 수줍은 듯 조용하면서 여리고 섬세한 서정을 지니고 있다. 언행도 매우 조신하고 겸손하다.

그래서 작품을 읽은 독자에게 그의 이력을 말하면 대부분 놀라워한다. 그만큼 순수하고 결 고운 심성을 지녔다는 것이다. 이는 천성적으로 타고난 기질도 그러하겠지만, 오랜 신앙생활에 의해 형성된 내면의 반향(反響)으로 보인다.

별 있는 곳까지
해 있는 곳까지

조금 더
조금만 더

쪽빛 하늘
허방다리 건너

파르르
닿는 허공

—「담쟁이」 전문

담이나 바위를 기어 올라가는 담쟁이를 바라보며, 이와 같이 간절한 소망을 노래하는 것은 쉽지 않은 일이다. 어려운 시어를 동원하지 않았으면서도, 표현한 그 간절함은 다른 말로 이를 수 없는 경지를 보인다. 이 작품에는 〈쪽빛 하늘/ 허방다리 건너〉 담쟁이 새 순이 허공에서 파르르 떨고 있는 것까지 관찰해 내는 세심함이 잘 드러나 있다. 이와 같이 예리한 관찰력에 바탕을 두고, 섬세한 시심으로 빚은 작품들이 독자의 감성을 자극하여 공감대를 형성한다.

그의 시선에는 아주 작은 것들이 포착된다. 〈성큼/ 탱자울타리/ 비집듯 지나가는/ 봄바람〉(빈집에)도 보이고, 〈어느새/ 부산한 제비/ 까마득한/ 비상〉도 시인에게는 정겨운 풍경이다. 특히 〈툭, 툭/ 목련 터지는 마당가/ 쭈볏한/ 마늘 대궁〉도 보이고, 〈먼 산엔/ 박가분처럼/ 벚꽃이 날리〉는 서경도 시인에게 다가선다. 이 부분에 등장하는 사물들은 오래 전의 시골 풍경과도 같다. 특히 '박가분'은 해방 전후 여인들이 애장하던 소품이었던 것을 생각한다면, 아주 오래 전의 기억 창고에서 찾아낸 것 같다.

시인은 추억 속에서 관심을 끌어내고 있는 크고 작은 사물도 찾아내지만, 내면에 자리하고 있는 서러운 정서도 환기시킨다. 이는 개인적인 정서인 동시에 겨레의 공통된 내면을 노래한 것이기도 하다.

혼자
묻어두기
서러워
여름내
빈 울안
피고 또 피던
주먹봉숭아

설움을
손톱에 물들이던
누이야
슬픈
울음아

—「봉숭아」 전문

이 작품의 정서는 〈울밑에 선 봉선화야/ 네 모양이 처량하다〉로 시작되는 노래나, 김상옥 시인의 시조에 나와 있는 서정을 연상할 수도 있다. 봉숭아꽃과 누이의 이미지 결합에 의해 빚어진 전통적인 형상화이기 때문이다. 그러나, 이 작품은 여타 작품의 모방이 되지는 않는다. 우리 민족의 전통적 정서를 내포하고 있지만, 〈설움을/ 손톱에 물들이던/ 누이〉에 이르러 그만의 체험에 바탕을 둔 것이 분명하다.

여기에서의 '누이'는 시인 자신의 혈연에 의한 '누이'일 수도 있겠지만, 서정적 이미지로서의 민족적 여인을 나타내는 '누이'일 수도 있다. 혹은, 그의 숙부, 박용래 시인이 애절하게 노래한 '홍래누이'(시인의 고모)의 이미지를 차용했는지도 모른다. 어떠한 경우에 해당되더라도, 시인은 설움을 간직한 '누이'의 비유적 심상으로 봉숭아와 결합하여 노래하였고, 이로 말미암아 전통적 서정이 생성되어, 공감대의 폭을 넓게 하고 있다.

3. 서정의 간절함에 대하여

박노언 시인의 작품은 짧은 시행에 간결하고 정갈한 것이 특징이다. 사랑스럽고 고운 것에 대한 작품도 그러하지만, 주체할 수 없는 감정의 홍수가 흘러넘칠 상황인데도 한결같이 관조적 자세를 견지한다. 즉 기쁨이나 슬픔, 즐거움이나 괴로움 등을 직설적으로 노래하지 않고 스케치하듯이 보여준다. 이는 바로 애이불비(哀而不悲)의 경지에 이르렀음을 뜻한다.

누이에 대한 전통적 서정을 노래한 것이 「봉숭아」였다면, 어머니에 대한 애상적 그리움을 노래한 작품이 「어머니」이다.

철없는
새처럼

하나씩
품을
떠나고

식은 둥지
혼자 지키는
어머니
오늘도
때는 거르지
않았느냐?

어머니
머언
쓸쓸한 목소리

—「어머니」 전문

시인은 〈식은 둥지/ 혼자 지키는/ 어머니〉를 그리워하면서, 〈오늘도/ 때는 거르지/ 않았느냐?〉던 어머니의 자애(慈愛)를 회상한다. 현실적으로 멀리 떨어져 계시는 어머니일 수도 있겠지만, 이 작품은 선자(先慈)에 대한 작품으로 보인다. 〈어머니/ 머언/ 쓸쓸한 목소리〉가 그런 정서를 밑받침한다.

이런 정서는 「기침소리」에도 나타난다. 시인이 고향을 찾아간 때는 봄이다. 〈짜투리 천수답〉에 '자운영'이 어지러이 피어 있고, 뻐꾸기 울음이 〈등 갈라진/ 논배미〉에 흐르는 것을 보아 언필칭 '보릿고개'를 노래한 것으로 보인다. 특히 〈객지 간/ 아들/ 기별 끊긴 채// 농협 빚 독촉/ 시름 쌓이는 하루〉에 이르면, 아버지의 춘궁(春窮)을 확인하게 된다. 그렇게 사시던 아버지는 〈잡풀만 무성한/ 애물단지/ 천수답〉을 남겨놓고 〈영영 일어나지〉 못하고 돌아가셨기 때문에 시인은 〈아버지/ 기침소리〉가 한없이 그립게 마련이다.

이런 작품은 「영춘 마을」에서도 그대로 투영되어 있다. 〈도라지꽃 시드는/ 설핏한 노을〉에 〈물소리/ 새소리/ 어둠〉에 갇히면 〈뜬 세상/ 부엉 부엉〉 우는 산골에 〈명아주꽃/ 바람 쓸리는/ 산자락〉이 아득하게 떠오른다. 이는 고향을 떠난 사람들의 공통된 서정일 것이고, 그런 서정을 환기시키는 촉매로 작용하고 있다. 즉 부엉이처럼 울 수밖에 없는 시인의 절절한 내면이 간결한 시어로 그려져 있다.

지는 것이
어디, 낙엽뿐인가

협협해 우는 거
어디, 바람뿐인가

먼 산하
굽어 도는
구름

모두
뒤엉켜
수몰지역으로 달아나는
바람소리

—「가을 산」 전문

이 작품의 말미에 그려진 〈모두/ 뒤엉켜/ 수몰지역으로 달아나는/ 바람소리〉에 이르면, 실향(失鄕)의 아픔이 절절하게 스며든다. 물론 이 작품은 실향인들 만을 노래한 것은 아닐 것이다. 〈지는 것〉과 〈협협해 우는 거〉는 인간의 근원적인 향수에 닿아 있기 때문이다.

특히 〈지는 것〉들에 대하여 시인은 여러 작품에서 '삶의 내리막길' '죽음' 등으로 표현하고 있다. 〈까마귀/ 바람 스치는 산길/ 훌훌/ 혼자/ 서두는〉「하산」도 그러하고, 〈침몰하듯 숨 차는 하루/ 내 그림자 밟히는/ 화장터 부근〉을 노래한 「화장터」도 그러하다. 이러한 공간과 사물들을 통하여 그는 〈문득/ 아, 나도/ 지는 해인 것〉(강남 웨딩 홀)을 깨닫는다.

4. 기도소리에 사랑은 피어나고

박노언 시인이 보여주는 애상적 서정과 상실 의식은 작품 속에서 감정의 홍수로 드러나기 쉬운데, 간결한 시어로 이 난제(難題)를 극복하고 있다. 간결한 시어와 단형의 시가 감정의 늪에서 벗어나기 위한 수단일 수는 있지만 근본적인 처방은 아니다. 상실과 갈등을 극복하는 길은 여러 가지가 있을 터이고, 이 중에서 그는 신앙의 힘에 의지하여 자연스럽게 극복한다.

그는 대한예수교 장로회 총회신학을 졸업하였고, 총회 신학 목회대학원에서 수학한 바 있을 정도로 신앙심이 돈독한 시인이다. 또한 대한기독교작가협회에서 활동하여, 신앙의 기쁨과 은혜의 고마움을 작품으로 발표하고 있다. 신앙인들의 공통점은 기도에 의해 생활하고, 기도의 힘에 의지하여 어려움을 극복한다.

밤새
열병 앓고

혀가 말러
비로소 눈이
뜨이는 세상

가슴 치며
동동 발 구르다
꿈을 깨듯

막혔던 귀가 열리고
맺혔던 혀도 풀린다

환하게
구름을 걷듯

에바다
두려운
하늘 메아리.

—「기도」 전문

시인은 기도의 은사(恩賜)로 〈막혔던 귀가 열리고/ 맺혔던 혀〉가 풀리는 체험을 한다. 이런 은사로 그는 〈구름을 걷듯〉 환하게 비추는 영험(靈驗)을 입게 되고, 그로 말미암아 절대자의 능력을 경외하여 〈두려운/ 하늘 메아리〉까지 듣게 된다.

그는 「아내」를 통해서도 기도의 능력을 체험하게 된다. 〈나팔꽃 가꾸는/ 지순한 아내의 정성으로/ 하늘〉을 보며, 〈혼자 울며/ 믿음 지키는/ 흔들리지 않는 모습〉에 감동한다. 그리하여 자신이 〈갑갑한 바다〉에서 허우적일 때, 자신을 위해 기도하는 〈아내/ 그 따스한 사랑〉을 깨닫고 환한 아침을 맞는다.

특히 그는 「복음」을 통하여 자신을 완성시키고자 한다. 〈지쳐 돌아와/ 예배당 끝자리/ 먼 귀로 맴도는/ 요한복음〉에서 〈뜨거운 소망/ 은혜의 말씀〉을 체험한다. 그리하여 〈눈물 핑 도는/ 가시가 뽑히던/ 그 날〉을 감사하며 생활한다.

나비처럼
훌훌 허물
벗듯

영혼의
먼먼
바람소리

오롯한 석류 알
벙글 듯

은혜로
깨어지는
새벽

—「은혜」 전문

절대자의 은혜는 현실의 모든 어려움을 극복하게 하는 요체(要諦)로 작용한다. 애벌레로 살아가다가 허물을 벗고 나비가 되듯이, 신앙에 의하여 삶의 질곡을 벗어나게 한다. 그리하여 〈영혼의/ 먼먼/ 바람소리〉를 듣고 영생의 기쁨을 찾도록 기능한다.

이는 「말씀」에서 〈은혜/ 출렁이는/ 생명수〉가 곧 〈평강의 물결〉임을 노래한 것이나, 「사랑함으로」에서 〈가시면류관/ 씌우고/ 조롱해도〉 사랑으로 이겨낼 수 있다는 신앙의 힘과 같다. 또한 「은사시나무」에서 〈아득한 햇살/ 눈부신 물방울/ 빙그레 웃으시며 다가오시는/ 주님〉을 믿고 의지하여 그는 〈꽃이 되고 구름 되어/ 소중한 의미〉로 거듭나게 된다.

이렇듯이 신앙에 의하여 현실의 어려움을 극복하고, 때로는 내면의 저항과 애상마저 찬양의 목소리가 되게 한다. 이런 믿음이 박노언 시인으로 하여금 시를 빚게 하는 원동력으로 작용한다.

5. 박노언 시인 다시 보기

박노언 시인은 단형의 시에 간결한 시어로 서정과 소망을 담아낸다. 자연의 아름다움에 대하여 노래하기도 하고, 애상적 정서를 환기시키기도 한다. 그와 함께 신앙의 진실을 작품으로 빚어 절대자를 찬양하기도 한다.

그러면서 자성의 시심을 작품 속에 용해시켜 순수를 지키고자 한다. 〈여직/ 난, 길 아닌/ 길만/ 왔〉(까치)다고 반성하면서 이제 길다운 길을 가려고 〈신발끈/ 힘껏 묶는/ 아침〉을 맞는다. 그런 다짐을 하자 〈잠긴 빗장/ 풀리듯〉 마음이 환하게 변하고, 그로 말미암아 〈까치소리도/ 눈물겹〉게 인식하기에 이른다.

이런 체험은 시인으로 하여금 자신의 행복에 한정하지 않고, 인류의 행복을 염원하는 계기가 된다.

배고파
아우성치는 거
아니다

부자유해서
반항하는 거
아니다

세상
한 사람도

억울한
울음
울지 않는
그런 하늘 밑에서
나는
살고 싶다.

—「염원」 전문

이 세상 사람들 중에 단 한 사람도 억울한 울음을 울지 않는 사회를 염원하는 시인의 절실한 내면이 커다란 울림을 만든다. 이러한 울림을 생성하는 것이 바로 시인을 비롯한 예술가들의 몫이기도 하다.

모든 사람들의 행복을 염원하며, 자신을 희생하는 시심으로, 그는 뿌리가 튼실한 나무가 되기를 소망한다. 「겨울 숲」에서 그는 〈오래도록/ 서 있으면/ 나도/ 나무가 될 수 있을까〉라고 자문한다. 일반적으로 과목(果木)은 봄에 꽃이 피고, 여름에 자라서, 가을에 그 열매를 모두 주고, 겨울에는 욕심 없이 자신을 추스르는 상징적 의미를 지닌다. 이러한 자연의 순환 현상을 수용하고, 시인 자신이 욕심 없는 겨울 나무로 거듭나기를 소망하는 것이다.

이와 동시에 시인은 〈저렇게, 태연히/ 잎을 접으며/ 더 깊어지는 뿌리로/ 든든히/ 서 있고 싶다〉고 육신과 정신의 굳건함을 소망한다. 이러한 소망이 간절하면 간절할수록 그의 생활도 경건해질 것이고, 그의 시(詩)도 건강하게 생성될 것이다. 이런 믿음과 기대로 박노언 시인의 작품 감상을 접는다.

●●● 고 박노언 시인 · 목사 약력

- 1946년 4월 1일 충남 부여군 관북리 출생
- 대전 선화초등학교 졸업
- 대성중 · 고등학교 졸업
- 총회신학목회대학원 석사
- 두레누리교회 시무
- 웃음치료사
- 행복 코디네이터(2급)
- 2002년 《문학사랑》 신인작품상(시) 당선
- 사단법인 문학사랑협의회 회원
- 대전 문인협회 회원
- 대한 기독교 작가협회 회원
- 시집 : 『망초꽃 연가』
- 2014년 12월 22일 작고
- 대전추모공원(가수원시립납골당 황매화 4248호)

- 연락처

  34980 대전광역시 중구 산성동 79번길 42

  (두레누리교회) 정영숙

  010-3498-3660

  E-mail : newmaind@hanmail.net

망초꽃 향연

박노언 유고 시전집

발 행 일 | 2016년 6월 10일
지 은 이 | 박노언
엮 은 이 | 정영숙
발 행 인 | 李憲錫
발 행 처 | 오늘의문학사
출판등록 | 제55호(1993년 6월 23일)
주　　소 | 대전광역시 동구 대전로 867번길 52(한밭오피스텔 206호)
전화번호 | (042)624-2980
팩시밀리 | (042)628-2983
홈페이지 | http://www.lito77.co.kr(홈페이지)
전자우편 | hs2980@hanmail.net

공 급 처 | 한국출판협동조합
주문전화 | (070)7119-1752
팩시밀리 | (031)944-8234~6

ISBN 978-89-5669-753-6
값 25,000원

* 이 도서의 국립중앙도서관 출판예정도서목록(CIP)은 서지정보유통지원시스템 홈페이지(http://seoji.nl.go.kr)와 국가자료공동목록시스템(http://www.nl.go.kr/kolisnet)에서 이용하실 수 있습니다.(CIP제어번호: CIP2016013073)
* 이 책은 ㈜교보문고에서 E-Book(전자책)으로 제작 · 판매합니다.
* 잘못된 책은 바꾸어 드립니다.